# 卓越银行员工的12项修炼

宋犀堃 编著

新常态下银行员工
培训实用宝典

新华出版社

## 图书在版编目（CIP）数据

卓越银行员工的12项修炼 / 宋犀堃编著. 一北京:新华出版社，2016.12

ISBN 978-7-5166-3008-2

Ⅰ. ①卓… Ⅱ. ①宋… Ⅲ. ①银行一工作人员一人才培养 Ⅳ. ①F830.22

中国版本图书馆CIP数据核字(2016)第298052号

**卓越银行员工的12项修炼**

作　　者：宋犀堃

责任编辑：刘　飞　　　　图书策划：郑书凤

装帧设计：赵志军

出版发行：新华出版社

地　　址：北京石景山区京原路8号　　　　邮　　编：100040

网　　址：http://www.xinhuapub.com

经　　销：新华书店

购书热线：8008100260 13051882866

照　　排：新华出版社照排中心

印　　刷：北京高岭印刷有限公司

成品尺寸：170mm×240mm

印　　张：18　　　　字　　数：300千字

版　　次：2016年12月第一版　　　　印　　次：2016年12月第一次印刷

书　　号：ISBN 978-7-5166-3008-2

定　　价：38.00元

# 从普通职员到银行家

银行家，这是银行职员最羡慕的头衔，也是银行职员奋斗的目标。

一般说来，从一个普通银行职员到银行家，路途非常长。刚刚进入银行的人，没有几个人想过自己要成为银行家，因为在一般人眼里，银行家离自己实在太远了。成为银行家，对某些银行职员来说是一件遥不可及的事情。

有的人在银行干了一辈子，也没搞清楚银行家是什么样，对他来说，想成为银行家确实是异想天开。

其实，银行家并不是具体时间点的一个状态，而是一个渐进的过程。在这个过程中你越是接近银行家的状态，对银行来说价值就越大。

只要你向银行家的方向努力，就会离银行家越来越近。

经过艰苦的努力之后，即使你没有成为银行家，也必将成为卓越的银行从业者，这时，你离银行家也不过一步之遥。

通向银行家的路并不遥远，重要的是你是否有强烈的梦想踏上这条路。只要你在这条路上一步一个脚印地前行，就会离终点越来越近。

伟大的梦想通常促使我们发挥自身最佳能力，激励我们努力工作，瞄准目标，全力以赴。

你的梦想应当有多大？可以用下面故事来回答这个问题。

罗马纳·巴纽埃洛斯是一位年轻的墨西哥姑娘，十六岁就结婚了。在两年当中她生了两个儿子，丈夫不久后离家出走，罗马纳只好独自支撑家庭。但是，她决心谋求一种令她自己及两个儿子感到体面和自豪的生活。

她带着一块普通披巾包起全部财产，跨过里奥兰德河，在得克萨斯州的埃尔帕索安顿下来，并在一家洗衣店工作，一天仅赚一美元，但她从没忘记自己的梦想，即要在贫困的阴影中创建一种受人尊敬的生活。于是，口袋里只有7美元的她，带着两个儿子乘公共汽车来到洛杉矶寻求更好的发展。

她开始做洗碗的工作，后来找到什么活就做什么，拼命攒钱。直到存了400美元后，便和她的姨母共同买下一家拥有一台烙饼机及一台烙小玉米饼机的店。

她与姨母共同制作的玉米饼非常成功，后来还开了几家分店。直到最后，姨母感觉到工作太辛苦了，这位年轻妇女便买下了她的股份。

不久，她经营的小玉米饼店铺成为全国最大的墨西哥食品批发商，拥有员工三百多人。

她和两个儿子经济上有了保障之后，这位勇敢的年轻妇女便将精力转移到提高她美籍墨西哥同胞的地位上。

“我们需要自己的银行”，她想。后来她便和许多朋友在东洛杉矶创建了“泛美国民银行”。这家银行主要是为美籍墨西哥人所居住的社区服务。如今，银行资产已增长到将近上亿美元，这位年轻妇女的成功确实得之不易。

抱有消极思想的专家们告诉她：“不要做这种事。”

他们说：“美籍墨西哥人不能创办自己的银行，你们没有资格创办一家银行，同时永远不会成功。”

“我行，而且一定要成功。”她平静地回答说。结果她真的梦想成真了。

她与伙伴们在一个小拖车里创办起他们的银行。可是，到社区销售股票时却遇到另外一个麻烦，因为人们对他们毫无信心，于是她向人们兜售股票时遭到拒绝。

他们问道："你怎么可能办得起银行呢？""我们已经努力了十几年，总是失败，你知道吗？墨西哥人不是银行家呀！"

但是，她始终不放弃自己的梦想，努力不懈，如今，这家银行取得伟大成功的故事在东洛杉矶已经传为佳话。后来她的签名出现在无数的美国货币上，她由此成为美国第三十四任财政部长。

你能想像得到这一切吗？一名默默无闻的墨西哥移民，却胸怀大志，后来竟成为世界上最大经济实体的财政部长。

可是在熙熙攘攘的人群中像这样的人又有几个呢?

我们大部分都是平平庸庸、碌碌无为之人。

我们总以这样或那样的借口敷衍自己，局限在自己的精神世界里面，然后安慰自己说平凡可贵。

其实你就是平庸，只是你不愿意承认罢了！

人与人的区别不是外表，而是内心。

从你内心接受平庸的那一刻开始，你的行为、你的状态也跟着平庸。

接受平庸比追求卓越要轻松多了！付出少量的体力，花费少量的脑力，过安定的生活，听起来就心神向往。

当你内心放弃卓越那一刻，平庸就追赶而来。

然后在你身上播种、生根、发芽、枝繁叶茂。

人也许永远无法选择环境，但你永远有权力选择自己的未来。只要你不甘于平庸，想做一番大事业，你的命运就有改变的可能。因为，梦想能使你不安于现状，继而使你在强烈的欲望的推动下一步步向着自己的目标迈进，直至得到你想要的。

现在的很多年轻人，觉得银行待遇不错，争着抢着进银行，但是一进入便不知不觉地迷失了。特别是那些刚刚进入银行的新人，日复一日单调的工作让自己激情不再，纷纷扰扰的人情世故让自己迷茫，更看不清自己未来发展的走向，看不到接下来在自己身边发生的各种变故。疑惑随着时间的延长而增加，他们糊里糊涂地应付着自己的岗位和工作，在混沌中浪费了银行岗位这一宝贵资源，磕磕绊绊地走过了本该绚丽多彩的银行职场，给自己留下终生遗憾。

这种没有理想的人，就如一艘失去了方向的航船，漫无目的地航行着，最终只会搁置在无人的浅滩上，人生不会取得任何辉煌。如果你还处于这种迷茫状态，那你该醒醒了，要勇敢地挑战自己，找回自己的雄心！

人生就是一个不断进取的过程，每个人都希望自己是最后的胜利者。没有人喜欢终日唯唯诺诺，看别人脸色行事；没有人喜欢成为一个可有可无的二流角色，受人摆布，平庸地度过一生。可以说，每个人来到世上就是为了成功，就是为了不断成长，不断向高处前进。

当然，理想不是脱离实际的空想，要有职业素质做保证。

理想实现是一个渐进的过程，需要一天天脚踏实地地工作，用岗位业绩搭建起实现的阶梯。

在日复一日的工作中，你只要保持住积极向上的工作激情，不断夯实自己的专业基础，持续提升自己的岗位技能，在工作中逐渐培育自己的职业素养……在一点一滴的进步中，在不知不觉的优化下，你就能会离“银行家”这一目标越来越近。

从平凡到卓越其实就是这么简单！坚持下去，你终究会成为自己想成为的人！

# 目录

OUTSTANDING BANK EMPLOYEE

序言：从普通职员到银行家

**第一章 超越平凡，让岗位成为事业的起点** /1

保持工作激情，事业不断“增值”/2

积极主动，工作状态决定工作质量 /8

认真负责，做好客户的“保险柜”/13

踏实务实，银行没有平凡的岗位 /19

**第二章 打造优势，成为银行的专业人才** /22

夯实基础，掌握行业的基本知识 /23

不断进取，提高自己的职业“资本”/29

避免浮躁，扎根银行这个大舞台 /36

团队协作，将自己融入集体 /41

**第三章 体贴周到，唯有服务不可复制** /47

重视服务，服务是银行的核心竞争力 /48

用心服务，坚持客户至上的原则 /54

热情服务，让客户感受你的温度 /59

关注客户，一切以客户为中心 /64

目录

OUTSTANDING BANK EMPLOYEE

**第四章 展露微笑，用笑容融化客户** /68

笑脸相迎，笑容是最好的黏合剂 /69

微笑训练，微笑是态度更是技术 /74

真挚诚恳，真诚的微笑最动人 /78

笑对责难，把委屈留给自己 /84

**第五章 塑造形象，提升银行的美誉度** /88

干净整洁，关注你的“面子”/89

适度化妆，妆容要符合你的身份 /94

着装得体，让服饰为你的形象加分 /99

传情达意，展示最优美的表情 /109

**第六章 仪态打造，举手投足中的学问** /115

站姿，站出谦恭的姿态 /116

坐姿，以客户感觉舒服为标准 /122

走姿，步幅适当，注意步态 /129

手势，使用规范，当心禁忌 /134

目录

OUTSTANDING BANK EMPLOYEE

**第七章 修炼礼仪，做彬彬有礼的银行员工** /137

致意礼仪，真诚的欢迎客户 /138

礼貌用语，面对客户，文明当先 /141

柜台礼仪，让客户感受到你的素养 /149

大堂礼仪，银行服务第一站 /154

**第八章 一语万金，让语言发挥最大的力量** /160

亲切善意，用亲和力黏住客户 /161

妥善措辞，说话要让客户心理舒服 /167

运用赞美，调节客户情绪 /172

入情入理，说服客户有技巧 /178

**第九章 客户开发，发现潜在的“金矿”** /185

火眼金睛，寻找目标客户/186

收集信息，成功接近客户 /192

顺畅沟通，完美接触客户/201

客户维护，让客户保持忠诚度 /209

目 录

OUTSTANDING BANK EMPLOYEE

**第十章 成交为王，让业绩为你说话** /218

推介产品，好处说够益处说透 /219

冷静面对，把拒绝转化为营销机会 /224

巧言释疑，把客户的异议变成满意 /228

把握机会，快速达成交易 /236

**第十一章 春风化雨，化解冲突的艺术** /244

正视投诉，从中收获积极的信息 /245

迅速处理，及时平息客户的怒火 /248

灵活应对，消弭客户的不满 /253

理性耐心，安抚难缠的客户 /257

**第十二章 学会减压，轻松工作，快乐生活** /261

及时自省，你是否患上“银行职业病” /262

转化心态，把工作当作快乐的中心 /268

控制情绪，别让负面情绪影响你 /272

建立愿景，给自己一份希望 /276

# 第一章

## 超越平凡

## 让岗位成为事业的起点

在银行，人们更愿意做管理性的工作，他们认为这些岗位更容易使自己被提拔、被重用。其实，对每个银行职员来说，银行的每一个窗口、每一个岗位都是升值潜力很大的“黄金地段”。

## 保持工作激情，事业不断“增值”

当你进入了银行系统，成为一名银行职员后，身边的朋友总会开玩笑地说你“见钱眼开”。其实，银行职员正是需要这种“见钱眼开”的精神。

这里所说的见钱眼开，不是说为了些许利益不顾一切，而是指在经营钱的行业里工作的一种精神状态。

银行是经营钱的地方，如果银行职员一进入工作岗位就眼睛发亮，就会保持一种良好的工作状态，激发出强烈的工作激情。

如果银行职员面对工作总有一种兴奋和激动的情绪，就不会害怕任何困难和挫折，就会时刻保持良好的精神状态，创造出最佳的工作业绩。

如果银行职员保持良好的精神状态，就会感受到工作的幸福，就不会害怕工作任务，更不会拒绝工作机会，而时刻被岗位工作的快乐包围，把工作变为自己生活的一部分。

热情是一种动力，它能激发你寻找最擅长的事情，从而把它做好，做得更完美。即使这件事原来比较烦琐、比较消耗精力，一旦你投入了热情，立刻就会变得非常简单。

热情，能让一个人的潜能得到充分发挥；热情，可以让一个员工在众多的同事中脱颖而出。在现代企业中，充满竞争性的工作更是呼唤员工充满工作热情！

热情，是做好一切事情的必要条件。你拥有了热情，就增大了成功的砝码。当你对自己的工作充满热情的时候，你便会全身心地投入到自己的工作之中。这时候，你的自发性、创造性、专注精神等对自己工作有利的条件便会在工作的过程中表现出来，你就能够把工作做到最好。

热情，就是一个人保持高度自觉，就是把全身的每一个细胞都调动起来，完成他内心渴望完成的工作。所有的人都具备工作的热情，只不过有的人用习惯将热情深深的隐藏起来。一个没有热情的员工，他始终完不成自己的工作，更别说做出创造性的业绩了。

热情是一种强劲的激动情绪；一种对人、事、物的信仰；一种强烈的情感。就是在极其平凡的职业中，极其低微的岗位上，也不自暴自弃，永远让心保持高昂的姿态。只有把自己的工作做得更完美，全力以赴，自己才会有发挥本领的机会。满足心中的渴望，这就是一种热情，因为渴望本身就是一种不平凡的热情。

研究表明：工作热情的人可以弥补 20% 能力上的缺陷，反之，只能发挥能力的 50%。既然要从事这份工作，为何要吝啬热情呢？

拿破仑发动一场战役只需要两周的准备时间，换成别人则需要一年。这中间所以会有这样的差别，正是因为他那无与伦比的热情。战败的奥地利人目瞪口呆之余，也不得不称赞这些跨越了阿尔卑斯山的对手：“他们不是人，是会飞的动物。”拿破仑对战争艺术一窍不通，用兵也完全不合兵法，就因为他和他那些不知道失败为何物的士兵们，满怀热情从一个胜利走向另一个胜利。

一旦缺乏热情，军队无法克敌制胜；一旦缺乏热情，人类不会创造出震撼人心的音乐，不会建造出富丽堂皇的宫殿，不能征服自然界各种强悍的力量，不能用无私崇高的风险去感动世界……

对工作充满热情，这是任何成功者都必须具备的一个非常重要的品质。牛顿曾经说过：“无知识的热心，犹如在黑暗中远征。”同理，光有知识或者能力，而没有工作热情，也不能取得工作的进步，只会原地不动，故步自封。

“企业需要带着热情去工作的人！”某科技集团股份有限公司人力资源人士表示，“我们在对外招聘时，特别注重人才的基本素质。除了要求求职者拥有扎实的专业基础外，还要看他是否有工作激情。一个没有工作激情的人，我们是不会录用的。”

“热情是一种强劲的激动情绪，一种对人、对工作和信仰的强烈情感。”另一位著名公司的人力资源总监说，“一个没有工作热情的员工，不可能高质量地完成自己的工作，更别说创造业绩。大至历史事件，小到生活、学习、工作，只有那些对自己的愿望有真正热情的人，才有可能把自己的愿望变成美好的现实。”

是的，倘若你没有完成工作的热情，那你在任何岗位上都无法崭露头角。如果把自己从事的工作视为爱好，就会做出惊人的成绩；如果把自己所从事的工作视为负担，其一生决无成果。

李先生2005年大学本科毕业，由于是专升本，很多单位都拒绝接收，为此他在家做了半年多的自由职业者。经过多番的努力，他进入了一家股份制商业银行。

他所学的专业为建筑工程管理，离经济金融较远，这在专业性比较强的银行里常常被视为缺少职业理论背景的从业者。

他刚入行的时候，领导谈起他时总说："工作上我看也就那么回事，家庭条件这么好，也不缺他挣的那点钱，在这就算有个事干吧。"

可是他本人与大家的想法很不一样，他认为，进了银行就找到了自己未来的职业归宿，他要在银行这个行业里书写自己的精彩人生。

但是他没怎么接触过经济金融专业，尽管大学也开设过这一类的课程，但是那毕竟不是主科，考完试也就过去了，比较缺乏经济金融知识。

他认识到了自己的不足，便恶补经济金融理论，系统学习经济金融知识和银行业务，并努力使这些知识和理论系统化。

用了一年多的时间，他终于把大学本科金融专业所涉及的知识全部学完了，并按照知识点自己模拟考试，感到过关了再进入下一轮学习。现在他的在职研究生学业也将结束，很快就会如期毕业，之后他还准备读金融方向的博士。

为了学习银行业务技术和锻炼自己，他主动要求到偏远的营业网点去，主动替班、加班，帮助别人办理业务，向老员工请教。他的主管说：“我工作这么多年来，小李是我见到的最具工作热情、最能吃苦的孩子。”

在银行的近六年时间里，只要有涉及银行专业的职业资格考试他就参加。现在他已经获得了国际金融理财师（CFP）、国际风险管理师、证券、保险代理等资格证书二十多个，之后，他还准备考取律师资格证。

他每天都工作、学习到深夜，甚至常常熬通宵。他母亲总是半夜起来一遍遍地催他去休息，可是母亲回去了，他还是继续做自己的事情。

他父亲跟他说，别这样苦熬了，时间长了，身体也会吃不消的。他说：“我并没有感到多苦，我做的这些事情都是挺有趣的，我也没想用那么长时间，可是一坐下来，时间一会儿就过去了。”

他现在已经当上了银行小企业中心的副总，要学习、考虑的事情更多，休息的时间也就更少了。小企业中心自行研发综合业务系统由他全程组织，他便全身心地投入进去，与技术人员一起吃住，梳理系统开发思路，提出业务需求，回家的时间很少。当业务系统成功上线后，他回到家里整整睡了一天一夜。他醒来后对妻子说的第一句话是：“哎呀，这个系统扒了我一层皮，但是我切切实实把小企业中心的经营管理问题搞清楚了。”

他所在的小企业中心已经有能力对外进行技术输出。为了保证输出效果，他主动要求跟着项目小组上了工作一线。妻子说：“你为什么非得撇家舍业好几个月跟着人家去呀，在家歇歇多好啊！”他说：“我放心不下，我要实地去看看，了解一下。”

一次，他的分管行长谈起了他，感慨地说：“小李的能力怎么样先不说，关键是你一跟他谈起工作，他就两眼放光。”

这句话大概就是对李先生工作热情最恰当的概括。

尽管银行业是个知识密集型行业，但是否是科班出身并不能决定银行职员的表现、状态和最终结果。对某些人来说，本身所具有的一些缺陷往往是他们努力上进的原因和动力。李先生的努力似乎也正缘于此。

李先生的工作状态在一般人看来是苦的，他自己之所以不感到苦，是因为他已经进入了更高的境界，享受着奋斗的快乐。

李先生能够以苦为乐，所需要的不仅仅是意志和毅力，还有对银行事业的热情和对未来的向往，以及一步步扎实努力后的成功所给予的激励。

## 修炼箴言

BOOK OF PROVERBS

**热情是点燃工作激情的火把。无论什么工作，只要全力以赴去做就能产生很大的成就感和自信心，而且会产生向下一个目标挑战的积极性。成功的人往往都是那些沉醉于所做事情的人。**

## 积极主动，工作状态决定工作质量

随着科技的发展，当前银行的业务操作已经到了“傻瓜时代”，自动化程度已经相当高。

但是，在银行的工作岗位上千万不能成为“傻瓜”，要充分发挥自己的主观能动性。在工作岗位上做“傻瓜”，不仅不可能有好的工作效率和效果，也难以得到领导和同事的认可。

很多人在岗位上容易处于“傻瓜”状态，认为工作有领导在那儿指挥，用不着自己费心；岗位有人在那儿管事，用不着自己操心；困难有人在那儿顶着，用不着自己出头；问题有人在那儿解决，用不着自己多事。如此一来，这样的人在岗位上就会变得越来越傻，发展就会越来越慢，直至出现停顿。

如果一个人在岗位上能力不行，做不了什么事情，工作又不主动，非得让人说在面上、批到头上，肯定无法得到大家的认可。大家不认可，特别是领导不认可，个人的发展就会遇到困难。

在工作岗位上如果总是处于“傻瓜”状态，还有谁会需要、喜欢你呢？

“老等”先生姓陆，在一家国有商业银行工作了将近二十年，去年在岗位双向选择中落选，在几经协调仍没有落实岗位的情况下，被安排到现金管理中心整点破币。

看着与自己同时入行的同事都混得不错，陆先生心里有一种酸酸的感觉，甚至还有几分“没有功劳也有苦劳”的委屈和怨恨。

其实，陆先生之所以被大伙叫做“老等”先生，是因为他在工作中的口头禅就是“等一会儿”。无论谁交给他事情，他总不会马上就办，非拖到不办不行的时候才去做。

陆先生是“顶班”进的银行，上学时就与银行里的职员很熟，进银行后，老员工都把他当晚辈看，对他要求也不严，他便养成了拖拉的习惯。只要有人让他做事，无论闲忙，他都会说“等一会儿”，推一推就动一动，有时推也不动，开始时老职员还以长辈的口气训他几句，时间长了，大家也懒得让他做事情了。对那些比他年轻的员工，他还喜欢摆摆老资格。大家都不愿意与他共事，更没有哪个新人敢让他做事情。

新职员一批批地进来之后，就再也没有人让他做事了，时间一长，他原来掌握的业务知识和技能也开始变得生疏，在新知识、新技能面前，他真的有些“傻”了。

正是因为好多事情他不会做，而会做的事情又拖拖拉拉，所以行里没办法，只好白养着他。

他这种“等一会儿”的习惯使得他把很多机会都等没了。

后来行里进行人事制度改革，目标是“激活人才，用好人力，不养闲人”。这次他真的遇到了麻烦，没有岗位再等他了，他也不可能再等下去。

他被安排到整点破币的岗位，还是人力资源部出面，与现金管理中心反复协商后才落实的，并给他确定了试用期。

这次改革，他感觉行里是动了真格的，没办法，只好从头学起了点钞技术。即便如此，他还是时时感到力不从心，并且一时无法适应。

在银行里，像“老等”先生这样的人虽然不多，但是有“老等”这种习惯的人却不少。

很多事情，“老等”们不是不能做，而是不愿意去做，不愿意主动去做，更不愿意自觉做好。

像“老等”这样的“傻瓜”先生有以下几类：第一类是什么也不会，什么也不懂，一问三不知，还不自觉学习，让他掌握新东西很困难；第二类是工作不主动，推一推就动一动，甚至有时推也不动，工作效率和效果不能让人满意；第三类是不能创造性地工作，你说一他就干一，从不想为什么要做这件事情，也从不关注事情之间的联系，做事只是应付交差而已；第四类是简单地“就工作说工作、就事情说事情”，眼界不宽，也没有将工作及银行的未来与自己的发展联系起来。

李开复先生在业界享有很高的知名度，在他的书——《做最好的自己》中提到了如何做到积极主动“七大步骤”：

态度积极、乐观面对人生——有勇气来改变可以改变的事情，有胸怀来接受不可改变的事情，有智慧来分辨两者的不同。

远离被动习惯、从小事做起——冷静辨析而不轻信他人，主动影响事情而不是受事情影响，有主见而不盲从，积极尝试而不退缩。

对自己负责、自己把握命运——积极主动抓住命运中自己可以选择、改变和可以最大化自身影响里的部分，勇敢面对人生。

多做尝试、邂逅机遇——换工作的意义在于，一开始的决定并不是终生的决定。有机会尝试更多，才能找到真正的兴趣所在。

充分准备、把握机遇——在机遇还没有来临时，就应事事用心、事事尽心，掌握足够信息，以便必要时做出抉择，抓住机遇。

努力争取、创造机遇——不知道兴趣何在？马上做发掘兴趣的计划；不知道毕业后做什么？马上制定尝试新领域的计划；不知道欠缺什么？马上写简历，找师友打分。

积极推销自己——主动寻找每一个机会，让老板或老师知道自己的业绩、能力和功劳。同时不忘团队精神，发表见解、贡献主张，协助他人、鼓励大家。以事为本、以人为先。

太多人只是坐等命运的安排或贵人相助，事实上，好工作和好生活都是靠自己争取而来的。只要时刻告诉自己：“积极一点就 OK”，就会时候提醒自己向积极主动努力，向成功靠近。

缺乏积极主动的精神，像“老等”这样的职员，在现代化的银行里是不可能承担重任、受到重视的。“傻瓜”式的职员，错在自作聪明，想少付出多获得，但结果往往适得其反。

## 修炼箴言

BOOK OF PROVERBS

**不能积极主动工作的银行职员，在知识密集、管理严格、素质要求高的现代化银行里不可能创造出骄人的业绩，职员个人也难以获得相应的发展。**

## 认真负责，做好客户的“保险柜”

银行职员工作的核心是高度认真负责的职业意识。在银行这个职业群体中，职员的责任心越高，越可能成为银行发展的中坚力量。

洪女士在农村信用社工作已经二十五个年头了，先后做过储蓄、出纳、现金管理、信贷等工作。她对待每一项工作都小心谨慎，二十多年里没有出过一次差错。她有一个口头禅，就是“咱是干这个的”。

十几年前，洪女士做出纳的时候，一个企业的出纳员来提款，她很快就给出纳员办理完了业务。由于对方提的钱比较多，洪女士又送给他一个手提袋，让他把钱装好。过了一会儿，那位出纳员找了回来，说少了两张票面五十元的钞票。洪女士一听，坚定地回答说不会错，一定是掉到哪儿了，让出纳员回去好好找找。

没多大工夫，那位出纳员又回来了，说还是没找到，并要和信用社的领导谈谈，商量个解决办法。

听到这个情况，内勤主任找到了洪女士，问明情况。洪女士说得非常坚决："不可能出错！"那位出纳员生气了，他认为，明明少了钱，可是信用社的人就是不承认。

内勤主任也没了主意，与洪女士商量，要与洪女士一起掏钱赔给人家。洪女士坚决不同意："我没有短款，为什么赔钱？"

内勤主任就与洪女士一起到那个企业去，想看个究竟。

到了企业，出纳员拿出了装钱的手提袋，掏出钱来数了又数，果然少了两张。洪女士看了看大家，又看了看手提袋，思索了一下，翻起手提袋来。她认真地翻了好几遍，终于在手提袋衬里的夹层中找到了那两张钞票。拿出钞票，她对在场的人说："咱是干这个的，自己办的事心里有底，哪能有差错？"

从此，单位里重要的东西总是交给洪女士管理。后来，洪女士去做信贷员，工作更加认真细致。她说："信贷可不比现金，道道儿更多，咱是干这个的，决不能出差错。"

有一回，经她手发放的一笔八千元贷款在催收后没有及时还款，于是她当天下班后，连饭都没顾得上吃，就骑上自行车直接找到了客户家里。

她到那一看，客户家只有一位驼背的老太太和两个正在上学的孩子，她一问才知道，孩子的爸爸已经去世，妈妈回了娘家。

第二天，她找到了女主人的娘家，说明了自己的身份，放下了一百元钱就走了。

女主人知道她的来意，于是来到洪女士的单位，一个劲地说感谢，可就是还不了钱。

洪女士知道客户家里有困难，她也充分理解女主人的难处，于是就劝对方不要着急，她们共同想办法。

后来，她带着客户家属去找村干部，让村干部帮忙解决贷款归还的问题。在此之前，信用社与村委会之间有协议，村委会有责任帮助信用社选择客户和清收贷款。尽管村干部口头上答应帮忙，但其实他们并不愿意插手还钱的事。

洪女士一遍遍给村干部做工作，同时又帮助客户家属料理后事。村干部和客户家属都很感动，于是共同制订了由村委会参与的还款计划，问题终于得以解决。

有人跟她说："信用社有的是钱，八千块钱值得你那样吗？"

她回答说："咱是干这个的，一分钱也不能疏忽。"

从洪女士的工作状态中可以看出，认真负责的职业意识多么重要，她时刻叮嘱自己"咱是干这个的"！

在现代社会中，以银行为代表的金融机构早已在不知不觉中渗入了人们的各种生活细节，也就是说，生活中人们对银行的依赖程度越来越深。因此，银行对社会承担的责任就越来越大。在银行工作就要像洪女士一样，缺不得认真负责的职业意识。

有了这种职业意识，银行职员才能把银行作为自己生存和发展的平台，把岗位工作做得纯熟，成为最具职业意识的银行职员。

有了这种职业意识，银行职员才会有良好的职业精神，将自己与银行紧紧捆绑在一起。让自己不仅是银行里必不可少的一员，还是最有成就、最忠诚、最管用的一员；让自己变成一颗组织中最活跃的优良种子，实现银行和自己的结构优化和品质升华，让自己和银行共同进入卓越状态。

在银行工作中，常见缺乏责任心的服务态度，主要可以归纳为以下方面：

**1. 我并不太清楚这个工作，所以没做好**

因为不清楚或是不熟悉而没有做好，看起来顺理成章，其实是推卸责任的表现。因为既然承担一份工作，清楚自己要做什么、该怎样做是基本的道理。用不清楚或者不熟悉这样的理由来为自己辩解，其实就是不负责任的表现。

**2. 我只是一名柜员（保安、大堂经理），做好自己的事就行了**

我只做好自己的事就可以了，何必去管别人的事情，这是很多工作人员的想法。做好自己的事，当然是一名工作人员必须要做到的。但是作为一个对自己的岗位、团队负责的银行人，有忠诚于银行的义务，更有责任为银行的发展着想，而不是事不关己高高挂起。

某日，一中年男子到营业厅存款。柜员小张发现2000元存款中夹着2张HD版假币，便告诉客户说："根据规定，这两张假币必须没收。"此时，小张已经做好了客户反对、抵触时的应对准备，不料客户很冷静地点了点头，存入了1800元，也没有要求拿回假币。

两年多的临柜经验，让小张总觉得这个客户有什么地方不对劲。

等办完存款业务，她悄悄地告诉大堂经理留意一下这个客户。2分钟后，保安发现该客户又将刚才存入的钱从ATM机中取了出来。

这位客户持的卡是外地的，在ATM机取款会产生手续费。而当时营业厅人不多，无须等待。这种反常的举动让大堂经理产生了疑虑。她和小张一合计，就将此事上报了营业厅主任。

相关人员立刻对这张卡的消费记录进行调查。一查之下，的确有问题：该卡在短短3天内，几千元的小额存取多达50余次！联系到最近频繁出现的用假币套取真钱的事件，营业厅负责人迅速报了案。

两天后，该名人犯在操作ATM机存入假币时被当场抓获。原来他一直采用在ATM机存入假币然后迅速在另外的银联机取出真钱的方式套现。那天进到营业厅，其实只是一时兴起，想试试看假币能否被柜员发现，不料就被警惕性高的小张盯上了。

很显然，如果不是柜员小张责任心强，她不可能注意到客户的反常举动，并且让同事对此加强监控，该犯罪分子也就不可能这么快落网。其实，从一个柜员的工作责任来说，发现犯罪分子并不是她必须要做的，但小张做了，因为她真正把自己当作一个为客户提供优质服务的工作者。而打击犯罪、维护人民币正常流通，也是一个银行服务者的职责所在。

**3. 我不是故意的**

这是许多银行工作人员在其工作失职被发现后作出的一个很无辜的解释。“我不是故意的，我也不想出错。”这些事实都说明了一个问题，就是一个人能保持高度的责任感，有一颗强烈的责任心，这些问题还会出现吗？“我不是故意的”这个理由的确很让人怜悯，也会给人一种无辜感，但是无论怎么样，该承担的责任一点都不会少，想推卸责任也推卸不掉。

**4．如果……我就不会这样了**

把出现的问题归咎于某种假设，寄希望于“如果怎么样，我就……”，是标准的推卸责任。不论这种原因是主观的还是客观的，总之，没做好的主要原因肯定不是自己。但是假设不能代表现实，无论是懊悔也好，逃避责任也罢，都不能解决任何问题。

## 修炼箴言

BOOK OF PROVERBS

**对工作和自己的行为百分之百负责的银行员工，他们更愿意花时间去研究各种机会和可能性，显得更值得信赖，也因此能获得别人更多的尊敬。与此同时，他也获得了掌控自己命运的能力，这些将加倍补偿他为了承担百分之百责任而付出的额外努力、耐心和辛劳。**

## 踏实务实，银行没有平凡的岗位

通向银行家的路途并不遥远，但也不是迈步就可以走到的，它需要踏实务实的工作精神。要知道，工作成绩不是喊出来的，也不是写出来的，而是实实在在干出来的。脚踏实地、一步一个脚印，才能做好每一件工作。

孙女士大学毕业后进了一家地方银行，因为学的是非金融专业，她被分配到总部办公室做文书工作。

看着与自己同时进银行的人都去了业务岗位，她心里有些不是滋味。她还听说自己的岗位是一个打杂的岗位，刚入行时的兴奋劲更荡然无存了。

但是她耐着性子干了一段时间之后，发现这一岗位也不是完全没有可以发挥的地方。于是，她静下心来整理了自己的工作思路。

当她想清楚自己该怎么干之后，一下子就像变了一个人，比那些在业务岗位上的人更加干劲十足。

在她看来，文书岗位至少有这样几点好处：一是可以随时阅读最新的文件，掌握最新的银行政策和动态；二是可以随时翻阅过去的文件，全面掌握金融政策的走向和发展脉络；三是可以更多地和领导接触，从他们身上学习别人无法观察到的东西；四是可以通过上传下达的过程，全面了解本行的工作进展情况；五是在这个人才汇聚的综合部门里，整天与各类人打交道，掌握其他人看不到、学不到的东西。

从此以后，她一有空就整理文件和材料，做了大量的笔记，拜主任和秘书为师，学习写作。不仅如此，她还利用休息日到基层了解情况，学习业务操作，经常和各个业务部门的人员沟通，了解业务流程和经营状况。在平时，她还会认真研究领导和各部门主管在文件上签署的意见，摸索规律，并且常常把自己思考的问题记下来，一有机会就向有关领导和相关人员请教。

就是这样，和她一起入行的职员还在懵懵懂懂地工作和生活，她就已经把自己的工作和生活规律理顺了，还对全行的工作秩序和节奏有了全面的了解和把握。

后来，对于篇幅比较长、内容比较重要的文件，她都写好内容提要后再交予领导传阅，使领导节省时间，更便于全面掌握文件精神。

她向秘书们学习和请教，写了一些金融杂谈类短文，在四年多的时间里共发表了一百多篇金融杂谈类文章，有的还被转载或编辑成书。

她利用和上级管理部门、金融研究单位、同业办公室人员接触比较多的优势，学习并参加理论研究，在四年多的时间里共发表经济金融理论文章六篇。

她还加强金融业务知识和操作技能的学习，参加各类职业资格考试。目前，与金融工作相关的职业资格证书她差不多都拿到了。

她的努力和工作能力引起了别人的注意。一家报社特别找到她所在银行的领导，想挖她去做财经记者；银行监管部门要借调，市金融办成立后，有关领导找到行领导要调人，都被行领导拒绝了。

在工作还不满5年的时候，她就被破格提拔为办公室副主任。这时，部分与她一起入行的员工还没有走出适应期。

孙女士的变化不是因为工作岗位的变化，而是缘于其踏实务实的工作精神。要想成为高等级的银行职员，孙女士至少给了以下几点启示：

**第一，踏实工作，对工作岗位不能太挑剔，要知道，银行没有平凡的岗位。**

**第二，既然走上工作岗位就应该全力以赴地做好。**

**第三，要找到适合自己的工作方法。**

**第四，要充分利用现有的工作条件。**

## 修炼箴言 BOOK OF PROVERBS

**成功必须靠认真务实来实现。成功的道路是靠一步一个脚印走出来的，从来没有一蹴而就的成功。如果没有求真务实的奋斗，没有踏踏实实的努力，即使拥有再多的知识、得到再多的帮助、遇到再多的良好机会，都不会实现最终的成功。**

# 第二章

# 打造优势 成为银行的专业人才

要想成为卓越的银行职员，就必须要成为银行的专业人才，必须能够将广博的知识、专业的技能、管理的学问自如地运用到工作实践中，及时采取有效措施，果断处理和解决各类业务问题。

# 夯实基础，掌握行业的基本知识

银行作为金融企业，与生产和流通企业明显不同，它的经营管理专业化程度非常高，它对职员的职业化程度要求也非常高。没有职业化意识，没有经过职业化训练的人，很难在银行的职业群体中脱颖而出。

银行职员的职业化要求有三项：一是职业素养，具备从事银行工作的道德品质特征与基本素质特征；二是职业技能，具有丰富的金融知识和专业技能；三是行为规范，在行为、形象和表现上符合银行职员的习惯。

银行职员的职业化不是先天就具备的，而是在银行的日常工作岗位上的职业化素养标准、知识技能资格标准和行为规范标准的自觉训练中形成的。

小谢从金融系毕业后，因为品学兼优，被某银行招聘为柜员。打算认真努力工作争取早日升级的小谢不到一个月就发现，柜员工作根本不像他想象的那么轻松容易。

柜员面对的客户需求千变万化，存钱、取钱、忘记密码挂失、基金、保险、理财产品……虽然小谢在学校里是个认真的好学生，可是课本知识不等于工作实践。这天，小谢差点闯祸。

来办理业务的客户是位 VIP 客户，他持有一张金卡和一张普通储蓄卡。他要求把普通储蓄卡里面的资金和其他关联业务都转移到金卡内，然后再将普通卡销户。

该客户的普通卡账户内有人民币活期存款、定期存款、美元活期存款、基金、理财产品，并有网银和手机银行等业务，一时间，小谢忙得不可开交。

客户很有素质，并没有催促小谢，只是静静地等着，需要签字的时候签字，需要填单的时候填单，算是非常配合。

但是，问题出现了。小谢在电脑上查不到客户普通储蓄卡内的基金。于是对客户说："先生，我这边显示您的账户内没有基金，请问您是不是记错了？"

客户很淡定地说："肯定有，你再看看。"

小谢换了一个查询方式，但还是没有查到基金。

小谢再问："您的基金是在我们行购买的吗？"

客户说："是的，不过不是这个网点，这应该不是问题吧？"语气已经带了些戏谑。

小谢忙说："不是问题，只要是在我们行购买的肯定有记录，我们都是联网的。请问您是网上购买的还是柜台购买的？"

客户说："柜台购买的。"

这时，由于多次被提示输入密码，客户显得有些不耐烦：“你们的系统是不是有问题？”

小谢连忙解释：“我们的系统都是新装的，肯定没问题，但我确实看不到您说的基金，要不您再想想……”

客户不乐意了，正要发火，大堂经理看事有蹊跷，便走过来询问。小谢把事情说了一遍，大堂经理说：“不急，我们让理财室的王主任来看看。”

王主任一看，敲了几个键调整了资料档，然后跟小谢说：“这位客户是五年前基金初发时就购买了的，而且这两年内都没有交易记录，所以你在日常资料档里看不到。”果然，这下客户的基金信息出来了。

一场误会被消解了，小谢也得到了教训：不是品学兼优就能成为一个好服务者，在银行业里，需要他学习的地方还有很多。

很多人进了银行之后得过且过，不提高自身的业务能力，也不提高平时的工作效率，在银行工作却没有真正地了解银行，没有目标，更没有前进的动力。这样的银行职员大部分只能原地踏步，没有很大的晋升空间，更缺乏更上一层楼的机会。

想要成为银行的专业人才，需要坚持不懈地学习、实践、总结和努力，要比一般人付出更多的心血和汗水；要认真地对待工作，别人休息时你要拼搏；要不断地思考、研究，做到业务精专、思想进步。

几十年前，马先生高中毕业后，作为篮球特长人员被招聘到人民银行中心支行，分配到工会工作。

除了参加行里组织的球赛外，他不断找银行里的老前辈学业务，这在那个年代还是很少见的。有人对他说："把你的球打好得了，还学什么业务，有啥用啊！"他却说："我在银行待一回，不能啥也不懂啊！"

那时，没有多少人重视业务学习，但就是这种干什么就要会什么的想法，鼓舞着马先生一直坚持金融业务的学习。

金融体制改革之后，银行也和全国其他行业一样，极度缺乏人才，银行的所有干校都开展了员工培训和学历教育工作。

马先生隐约看到了学习金融业务的用处，便主动要求调到业务科室，但是没有被批准。

他经过认真思考后，又要求参加全国成人高考。在他三番五次地要求下，行长出于让他试试的想法，就同意了。没想到，他一次就考取了银行干校的成人大专班。

在学校脱产学习的三年里，他接触到来自全国各地的各类金融业务人员。他充分利用这次机会，全面、系统地学习金融业务知识，深入思考自己的未来，详细地规划了今后的工作和生活。

毕业后，银行按照他的意愿，将他分配到了金融管理科。这不仅给了他一个全新的工作和生活方式，也给了他一个极好的业务学习和实践锻炼的机会。他非常珍惜这个机会。

从此以后，他不再把打球作为主业，只是作为一种锻炼方式。他把自己的主要精力放在了业务工作和学习上。

那时候成套的业务书籍并不多，他就一本本地借，一本本地抄，用抄书的办法梳理了自己应该掌握的金融理论体系。后来，他把自己整理的资料编辑成一套完整的金融理论教材，在金融系统培训中使用。不仅如此，他还根据工作实践对这一套金融理论体系进行完善，这为他后来的工作和发展奠定了坚实的理论基础。

后来，他又先后在多个岗位锻炼过，这为他提升理论水平、提高业务能力提供了很大的帮助，使他对相关的金融理论理解得更深，业务能力更强、更全面。

由于他的理论水平和工作能力比较出众，他很快由科长升为行长，再升为省会城市的中心支行行长。他原来的那些球友们现在再想与他一起打球已经不那么容易了。

马先生的文化程度并不高，仅仅高中毕业，很多银行职员应该掌握的东西他都不会，再加上他迷恋打篮球，基础就更差一些。他之所以能够很快赶上来，和他一定要成为银行的专业人才的想法有直接关系。

文化基础并不能对人产生决定性的影响，即使是大学毕业生在银行不再进行自我学习，也是不能适应工作的。所以说，一个人真正的提高是后来持续学习的结果。

目标常常会决定学习的效率。如果马先生仅仅是为了找个饭碗进银行，如果他的学习仅仅是为了应付工作，他最后就不可能成为行长，就不可能成为全行理论水平最高、业务能力最棒的人。

马先生凭着一定要成为银行的专业人才的信念一直提升自己，成了银行业非常了不起的专家。同时，他也收获了相应的荣誉、地位，获得了可观的收入，他的岗位和社会地位被人羡慕。

## 修炼箴言

BOOK OF PROVERBS

**银行职员应该重视自我学习，掌握金融业务知识，不断地充实自我，提升自身的能力。这样，即使你成不了银行家，也一定会在银行经营管理中有所建树，成为专家，在工作中表现出自己的优势。**

# 不断进取，提高自己的职业“资本”

在 IBM 的员工当中流传着这样一句话“无论你进 IBM 时是什么颜色，通过学习，你都会变成蓝色（IBM 有“蓝色巨人 BigBlue”的称号）。”IBM 公司以其出色的员工培训而闻名遐迩，而 IBM 的员工则以其不断学习的能力变得出类拔萃。

有些银行职员常常抱怨薪水太低、运气不好、怀才不遇，却不知道其实自己处身的银行，正是一所可以求得知识、积累经验的大学堂。今后一切可能的成功，主要是看自己今日学习的态度和效率。

许多天赋很高的银行职员，终生处在平庸的职位上，导致这一现状的原因是不思进取。而不思进取的突出表现是不读书、不学习。宁可把业余时间消磨在娱乐场所或闲聊中，也不愿意看书。也许，他们对目前所掌握的职业技能感到满意了，意识不到新知识对自身发展的价值；也许，他们下班后很疲倦，没有毅力进行艰苦的自我培训。

没有足够的知识储备，一个人就难以在工作和事业中取得突破性的进展，难以向更高的地位发展。

在成功之前，一个人要积蓄足够的力量。在这方面，托马斯·金曾受到加利福尼亚的一棵参天大树的启发："在它的身体里蕴藏着积蓄力量的精神，这使我久久不能平静。崇山峻岭赐予它丰富的养料，山丘为它提供了肥沃的土壤，云朵给它带来充足的雨水，而无数次的四季轮回在它巨大的根系周围积累了丰富的养分，所有这些都为它的成长提供了能量。"

在银行领域也如此。那些学识渊博、经验丰富的人，比那些庸庸碌碌、不学无术的人，成功的机会自然更大。

有位金融界的杰出人物这样说："我的所有职员都从最基层做起。俗话说：'对工作有利的，就是对自己有利的。'任何人在开始工作时如果能记住这句话，前途一定不可限量。"

一个刚刚进入银行的年轻人如果能够认识到知识的重要性，在各种机会中随时学习，不断地汲取养分，那么升迁是早晚的事。每个身在职场的人不仅要随时随地学习本行业的门道，而且一定要研究得十分透彻。在这一方面，绝对不能疏忽大意、不求甚解。有些事情看来微不足道，但也要仔细观察，有些事情虽然有困难险阻，但也要努力去探究清楚。如能做到这一点，他就能清除事业发展道路中的一切障碍。

无论目前的职位是低微还是高尚，汲取新的、有价值的知识，将对你以后的人生和事业大有裨益。一些公司的小职员，尽管薪水微薄，却愿意利用晚上和周末的时间到补习学校去听课，或者买书自学。他们明白知识储备越多，发展潜力就越大。

自强不息、随时追求进步的精神，是一个人卓越超群的标志，更是一个人成功的征兆。从一个年轻人怎样利用零碎时间就可以预见他的前途。还有一部分人因缺乏进一步发展的能力而驻足不前、被人超越、丢了饭碗。这些人本来就没有深厚的根基，工作期间又不注意积累经验、增加才能，当然会被淘汰。

有一个大学毕业生在银行里工作多年，只会按操作规程一本不变的工作。他只是在挣钱糊口，不思考，不关心金融产品的特点和客户的需求，那么等待他的最幸运的结局就是不被淘汰，但他也只能当一辈子的基层职员。那些精明强干、善于学习的年轻人，却能在短时间内发现一个行业的秘密，时机一旦成熟，就能独当一面。

有一个在中专毕业的年轻人，他在银行工作的三年中，不但当上了业务经理，还使自己的团队年年获奖。现在银行已经考虑提升他为营业厅的主任了。

一个前途光明的年轻人随时随地都注意提高自己的工作能力，任何事情都想比别人做得更好。对于一切接触到的事物，他都细心地观察、研究，对重要的东西务必弄得一清二楚。他也随时随地把握学习机会，珍惜与自己前途有关的一切学习机会，对他来说，积累知识比积累金钱更重要。他随时随地注意学习做事的方法和为人处世的技巧，有些极小的事情，也认为有学好的必要，对于任何做事的方法都仔细揣摩、探求其中的诀窍。如果他把所有的事情都学会了，他所获得的内在财富要比有限的薪水高出无数倍。

如果你真有上进的志向，真的渴望提高自己、充实自己，那就必须认识到，无论何时、无论什么人都可能增加你的知识和经验。能通过各种途径汲取知识的人，才能使自己的学识更加广博、深刻，使自己的胸襟更加开阔，也更能应付各种各样的问题。在工作中积累的学识是你将来成功的基础，也是你一生中最有价值的财富。认识到这些，你就会知道学习的习惯是多么重要。

在当今，银行职员所掌握的金融知识已经远远赶不上银行发展的需要，今天刚学会的东西，明天就可能变得陈旧。不断学习，迅速更新现有的知识存量，已经成为每个人防治金融知识“高通胀”的最重要课题。

据新华社报道：2011 年 9 月 25 日，国际金融领域权威杂志《欧洲货币》在美国华盛顿举行 2011 年度最佳中央银行行长奖颁奖典礼，中国人民银行现任行长周小川获此殊荣。

周小川从学者到官员，一直醉心于做学问，始终站在世界金融理论的最前沿，因而他领导的中国金融体制改革所取得的成就令世人瞩目，也争得了中国在世界金融领域的发言权。

1985 年，周小川于清华大学经济系统工程专业博士毕业后，担任国务院体改方案领导小组成员兼中国经济体制改革研究所副所长，这个职位对他来说是一个很好的研究平台。当时周小川与中国顶尖的学者保持着良好的关系，这对他完善知识结构、提高理论水平有很大的帮助，他也因此把自己的研究领域拓展到经济体制、宏观经济、金融、外贸、社保、财税、企业等多个层面，他的理论水平得到了第一次提升。

1991年，周小川任中国银行常务董事及副行长。当时中国银行是国家的外汇专业银行，在海外有很多分支机构，这需要银行实行一系列与国际接轨的制度和办法。周小川遇到了新问题，但是他把自己的学术优势和曾任对外经贸部部长助理的经历结合起来，借鉴国外的先进经验，学习国际金融制度，研究中国的金融问题，很快找到了中国银行的发展道路。

1994年，中国外汇体制改革，1995年周小川出任国家外汇管理局局长，1996年又被任命为中国人民银行副行长，主管外管局工作。在他的主持下，我国实现了人民币经常项目下可兑换，中国成为IMF第8条款成员国，人民币自由兑换成为可能。

1998年周小川接替王岐山出任中国建设银行行长，作为一行的主帅，他更加有效地组织学习国际先进银行的管理经验，加快银行商业化改革的步伐。

2000年周小川就任中国证券监督委员会第四任主席，2001年《商业周刊》“亚洲之星”评选中，周小川入选“决策者之星”。评选委员会认为，在周小川履新以来，证监会出台的“核准制”、引进国际会计准则、“退市令”、对操纵股价的违规行为进行严厉处罚等一系列引人注目的改革措施，使得中国的证券市场在深化改革、加强监管和规范化建设方面前进了一大步，越来越像美国的华尔街而非赌城拉斯维加斯。周小川离任时，时任银河证券首席经济学家左小蕾说：“周小川最大的贡献是为证券市场建立了规则。”

2002年周小川被任命为央行行长。上任不到一个月，日本就掀起了逼迫人民币升值的风潮，紧接着，美国等国家也纷纷加入。一时间，国际上逼迫人民币升值的风浪越来越大，周小川却平静地表示，稳定的人民币汇率对于世界经济是必要的，人民币汇率改革问题应该循序渐进。2005年7月21日19时，经国务院批准，中国人民银行启动人民币汇率改革，宣布实行以市场供求为基础、参考一篮子货币进行调节、有管理的浮动汇率制度。这个决策，早在2003年周小川赴任央行行长之初就开始酝酿了。据香港《文汇报》报道，美国《ForeignPolicy》杂志选出2009年度一百名塑造世界的思想者，周小川排在了前十位。可见，他的思想不仅为中国人所认可，也为世界所认可。

周小川屡获升迁，在学界的影响却不减，原因是他始终处在金融理论的最前沿。

周小川自20世纪90年代初涉足金融界起，先后担任中国银行副行长、国家外汇管理局局长、中国人民银行副行长、中国建设银行行长、中国人民银行行长，参与制定了中国银行业改革历程的每一个关键决策，这是以他深厚的金融学养和丰富的金融工作经验为基础的。二十多年里，他始终掌握着世界金融理论新成果，把握着世界金融的走向。

周小川的双眼一直盯着世界经济和金融的变化及发展，一直关注前沿的金融理论研究。随着他的职务提升，他的理论研究一直没有停止，他所著的《走向开放型经济》获1994年度“安子介国际贸易著作奖”，论文《企业与银行关系的重建》和《社会保障：体制改革与政策建议》分获1994年、1997年度中国经济学界最高荣誉奖“孙冶方奖”，另外，他还是唯一一位以英文形式在国外学术期刊上发表一系列论文的中国高官。

周小川是引领中国经济和金融的重要的人物之一，他之所以能成为主导现代中国经济金融的领军人物，是因为他始终具有广阔的国际视野，始终站在理论的高度看待中国的金融和经济，始终走在经济发展的前沿，实践着他的理论和思想。

透过他的理论成果和工作业绩，我们似乎可以看到一个长年在灯下苦学的人。没有持续的理论补充和实践摸索，就不会有走在世界金融前列的周小川。

## 修炼箴言

BOOK OF PROVERBS

**不管银行职员的知识“通胀率”多么高，持续“充电”始终是最好的解决办法。优秀的银行职员始终是那些持续学习、大胆实践的人。**

## 避免浮躁，扎根银行这个大舞台

作为一名银行职员，如果你习惯于频繁跳槽，总将精力分散在下一个“更好”的工作上，那你就会永远两手空空。所以，千万要改正这种不良习惯。选定自己的发展方向后，只要凭着不断的积累与开拓，你一定能登上事业的顶峰。

某次招聘会上，一名男子在应聘某知名银行时，表现得十分自信。他拥有硕士学位，高级职称，11 年工作经验。人事经理对这样的高级人才非常感兴趣，他温和地询问应聘者都做过什么工作。该男子志得意满地开始了他的一连串介绍：1994 年，我在广州 ×× 证券公司担任经理助理，1995 年 1 月，我在上海 ×× 商业银行担任业务经理；1995 年 11 月，我在北京 ×× 证券公司担任……随着他的介绍，人事经理的眉头越皱越紧。该男子毫无察觉，又总结性地说道：“我先后在 13 家金融单位担任过不同的职务，所以对于银行各部门的工作，我都是比较熟悉的，而且——”“先生，”人事经理打断了他的话，“虽然你的工作经验丰富，但先后跳槽 13 家公司，这太让人吃惊了。我们需要的是对公司具有相当忠诚度的员工，恐怕您不太适合在我们公司工作。而且说句实在话，您这样频繁跳槽，让我对您的能力也不得不表示怀疑。”

这位先生虽然拥有很不错的条件，但却因为频繁跳槽的习惯而遭到了拒绝。随便跳槽确实不是什么好习惯，从银行方面讲，会对你产生严重的信任危机；更糟糕的是，这种习惯会使你无法专注于自己的选择，到头来一事无成。

要想在事业上取得成功，就需要有坚定不移的耐力，因为专业知识、业务技能都需要时间来慢慢积累。而一个频繁跳槽的人，就如同蜻蜓点水一样，永远只能停留在工作的表面上，何谈成就人生的机会？

事实上，任何一个公司的内涵和企业文化不是一个人在三五个月就能学得到的，无论是搞专业还是学管理，只有去掉浮躁，踏实进取，潜心修炼，不断学习，不断积累，才能让自己获得更快的进步，并且让自己在学习和进步中得到更多的快乐与收获，用努力工作，杰出的业务成绩赢得同事的尊重和老板的赏识，取得应有的报酬，从而成就自己的人生。

何先生学的是计算机专业，1995 年大学本科毕业后被分配到国有商业银行一个办事处做储蓄员。

那时计算机人才比较稀缺，何先生看着与自己一起毕业的同学，单位都像宝贝一样看待，自己却到了一个这么偏远的地方来，心里有些不是滋味。他开始有些不安分，一边请求调入市行计算机中心，一边准备寻找机会跳槽。

有关领导了解到这一情况后，找他谈心，并告诉他："在银行里工作，无论你搞计算机操作，还是软件开发，都要了解一线的业务情况和流程，也要了解和感受银行的工作方式，这个学习和锻炼的过程对你未来的发展非常有意义。让刚毕业的学生到一线学习和锻炼是人才培养的重要途径和方法。"

他经过认真的思考，觉得领导的话在理，便安下心来在一线工作。

很快，他被调到了市行计算机中心，他似乎一下子找到了自己的位置，工作的激情被激发出来，很快创造出了令人惊讶的业绩。

1997年，他主动要求开发新程序，两年时间里开发小型应用程序三项，其中一项获得了总行的表彰和奖励，两项获得省行的奖励。他的工作能力得到了领导和同事的认可，知名度也迅速提升。

这时他又有些飘飘然，开始向组织上伸手，甚至提出职务要求。

领导发现这一苗头后，又找他谈心，告诉他："银行是你发挥个人特长、显示个人能力的舞台，只有把这个舞台利用好，你才能表演得更加精彩，离开这个舞台，你可能很难取得什么成就。跳槽也许能让你找到更好的舞台，但是就计算机专业而言，银行这个舞台也许更适合你。"

他的思想又一次受到触动，经过冷静的思考后，他决定利用好现在的舞台，将自己全部的激情和能量释放出来。

这时他又负责开发一项新的应用程序，这个程序与上级银行准备开发的程序思路一致，受到了上级的重视。

当他组织开发的程序有了眉目之后，总行让他带着程序开发的前期成果到总行，并为此组建了由他牵头的程序开发小组。

经过一年多的开发，程序终于上线运行了。之后他便留在了总行，参与此后的各类程序开发。

何先生在当时确实是稀缺人才，他有讨价还价的资本。但是如果没有后来职业意识的转变，银行就不会成为他表现自己聪明才智的舞台，他也不可能有今天的成就。

即使他跳了槽，如果不能改变观念，也不会有单位愿意让他大展手脚，他终究会失去自己的舞台，无法创造相应的业绩。

在银行里工作，银行提供的是一个舞台，在这个舞台上，可以根据自己的本事尽情发挥。如果银行职员不是围绕银行的利益来表现自己，所表演的大多难成喜剧，更多的可能是闹剧，甚至成为悲剧。

如果何先生离开了银行这个舞台，就还要找一个新舞台来表演，否则他的才能就会变得毫无价值。这种舞台意识对每个从业人员来说都非常重要。

就在何先生准备跳槽的那段时间里，他的同学有的也跳了槽。他比较了一下，除了个别同学自主创业比较成功之外，比自己更好的不多。他庆幸自己找到了银行这个舞台，并坚持下来。

## 修炼箴言

BOOK OF PROVERBS

**优秀的银行职员一定是把银行的利益放在第一位的，他们会借助银行的舞台来成就自己，不会心思浮躁，让个人英雄主义恶性膨胀。**

# 团队协作，将自己融入集体

小溪只能泛起破碎的浪花，百川纳海才能激发惊涛骇浪，个人与团队关系就如小溪与大海。每个银行职员只有养成团队协作的习惯，将自己融入集体，才能充分发挥个人的作用。

相传佛教创始人释迦牟尼曾问他的弟子：“一滴水怎样才能不干涸？”弟子们面面相觑，无法回答。释迦牟尼说：“把它放到大海里去。”

个人再完美，也就是一滴水；一个团队、一个优秀的团队就是大海。完美的个人要放在完美的团队中，才能彰显其优秀本性，一个优秀的银行职员，更要得到团队的认可，团队伙伴的认可，才是真正成功的。

在银行中，如果只强调个人的力量，你表现得再完美，也很难创造很高的价值，所以说“没有完美的个人，只有完美的团队”。这一观点被越来越多的人所认可。

春来秋去的大雁在飞行时总是结队为伴，队形一会儿呈“一”字，一会呈“人”字。大雁为什么要编队飞行呢?

原来，大雁编队飞行能产生一种空气动力学的作用，一群编成“人”字队形飞行的大雁，要比具有同样能量而单独飞行的大雁多飞70%的路程，也就是说，编队飞行的大雁能够借助团队的力量飞得更远。

大雁的叫声热情十足，能给同伴鼓舞，大雁用叫声鼓励飞在前面的同伴，使团队保持前进的信心。

当一只大雁脱队时，会立刻感到独自飞行的艰难迟缓，所以会很快回到队伍中，继续利用前一只大雁造成的浮力飞行。

一个队伍中最辛苦的是领头雁。当领头的大雁累了，会退到队伍的侧翼，另一只大雁会取代它的位置，继续领飞。

当有的大雁生病或受伤时，就会有两只大雁来协助和照料它飞行，日夜不分地伴随它的左右，直到它康复或死亡，然后它们再继续去追赶前面的队伍。

大雁结伴飞行带来的启示是深刻的：一盘散沙难成大业，握紧拳头出击才有力量。任何一支团队，成员之间必须团结一致，大家心往一处想，劲往一处使，才能无往而不胜。

世界上许多著名企业，之所以成功，经验之一就是有一支优秀的团队。团队意识就是公司职员对本公司的认可程度，把公司利益放在第一位的意识，个人利益服从团队利益的意识。团队的精髓是共同承诺。共同承诺就是共同承担集体责任。没有这一承诺，团队如同一盘散沙。作出这一承诺，团队就会齐心协力，成为一个强有力的集体。

树立以团队利益为重的思想已经是大势所趋。银行职员做任何事情都要从银行发展的大局出发,凡是有利于银行发展的事就要主动、认真地去完成它,力求做得好一点，快一点，要深刻领会“一荣共荣，一损共损”的含义，想办法把事情做好,切不可坐失良机。在团队中,更要树立“我为人人,人人为我”的思想。在银行内部，部门之间、上下级之间、前道与后道之间的关系都是供应链，这种联结关系只有通过相互协作、群策群力才能圆满地完成。一个好的银行或者一个好的部门，往往是通过自我调节，把摩擦问题降到最低点的，我们千万不要对一些处于边界的问题采取“踢皮球”、“守球门”的态度;正确的方法应该是积极的、而不是消极的，把这些边界问题尽量在自己部门里加以解决，为其他部门、为下级、为下道工序创造好的工作条件。在日常工作中，许多事情不尽是十全十美的，而一些容易被人们疏忽、或者遗漏的地方又往往是很关键的，这就要求我们发扬团队精神，主动为其他部门提供优质服务,尽心尽力帮助他人解决难题,才能使银行在竞争中立于不败之地,从而为个人的发展提供更好的发展空间。

团队成员对团队要有强烈的归属感，强烈的感觉到自己是团队的一员，决不允许有损害团队利益的事情发生，愿意为团队的利益与目标尽心尽力，反对个人主义、本位主义及“山头主义”，在个人利益与团队利益相冲突时，个人利益应当服从团队利益。作为一名优秀的职业人，一定要具备这种以团体利益为重的思想，才能在工作中取得更大的成绩。

在团队中，大家有着共同的奋斗目标，每个人都愿意与其他的人一起努力，发挥自己的优势，合作完成每一次的任务。这里更强调集体的重要性，因为这更有利于发挥每个人最强的力量。同时，每个人也可以用别人的长处来弥补自己的短处，取长补短，配合作战，才能更有利于任务的完成。一个人有时是无法独立完成一项任务的，必须要得到他人的配合，比如：发挥上司的指挥优势，同事的技术优势，自己的行动优势等等。

银行是一个组织严密、管理规范、行动统一的组织，这个组织要求职员必须令行禁止，只强调张扬个性而不懂得团队协作的人将不会有市场。

老周实际岁数并不大，只是长相老成，打扮又怪里怪气，行长第一次见他就管他叫老周，于是老周这个称呼便一直跟着他。

老周退伍后进了一家地方银行。刚进银行时，他也想做点事情，热情很高，给领导提了很多意见，但是由于受到眼界和能力的限制，他虽有热情却办不成事。一旦领导不采纳他的意见，他就闹情绪，甚至吵吵嚷嚷，慢慢的领导便疏远他了。后来，他便有意与领导作对，使领导很无奈。

为了显示个性，他还违反银行的员工形象标准，剃了光头，为此被责令停止工作十天，罚款二百元。当他交罚款时，故意把钱弄得脏兮兮的，还乱画一些图案，为此单位又因他故意损毁人民币加罚了一百元。

刚入行时，他被安排做柜台业务，他觉得自己更适合做市场业务，便要求去做市场营销工作。行长让他先把柜台业务弄熟，他觉得行长是在为难他，便拿工作出气，工作中经常出错，并多次与客户发生冲突，主管内勤的副行长为此停止了他的工作。

后来，几经协商，他被调到了市场营销岗位，协助一名客户经理跑市场。刚接触市场营销时，他热情非常高，但是，很快就碰到了各种各样的问题，他的热情一下子被几盆冷水浇了回去。后来过了很长时间，他的工作也没什么起色，工作热情也消失了。

没办法，行长又把他调回去做柜台工作。他虽然没有说什么，但是心里很不高兴，一直提不起精神，还时不时地与领导、同事、客户作对。

为了提高效率，行里曾提出在柜台发放小额贷款。这回他觉得自己有了权力，有了表现自己的机会。为了放大贷款额度，他把贷款进行分拆后顶名贷出，造成了不良影响。为此，领导停止了他的柜台工作，让他负责驾驶单位的工作车。

在银行里，司机是一个内部服务岗位，没有什么规律和自主权。只要按需要出车，保证安全就行，可是行里有事用车时，经常找不到他。他还多次把大家放在半路上，开车磨磨蹭蹭的，最后大家宁可步行也不愿坐他的车出去办事。

最后，单位便给了他待岗的处理。这之后，他每天到人力资源部报到，到指定的地点学习，只领取最低生活保障金。

老周能够进入业务性很强的银行工作，收入不错，工作稳定，社会声誉好，本应倍加珍惜，可是由于他的心态、观念与银行的整体环境不和谐，他错过了许多机会，最后弄得自己不痛快，别人也不高兴。

像老周这样的人，几乎每个银行都有，他们是银行里最不受欢迎和最先被淘汰的人。

## 修炼箴言

BOOK OF PROVERBS

**现在的银行更注重文化建设，文化本身就是共同的规范，没有文化认同感的人就不可能在同一个文化背景下生活，另类文化更是无法生存。真正优秀的银行职员一定是与银行同呼吸、共命运，推动银行发展和团队建设的主力。**

# 第三章

## 体贴周到

## 唯有服务不可复制

一家银行的服务范围、服务内容、服务效率和服务态度直接影响其所能吸引的客户数量和工作效率。可以说，服务是品牌，是形象，是综合实力的体现，是竞争力的爆发点。

## 重视服务，服务是银行的核心竞争力

银行业属于现代服务业，服务是银行最根本的属性。随着业内竞争的加剧，服务越来越成为现代银行业核心竞争力和可持续发展的源泉。

近几年来，几乎各大银行都不约而同地意识到一点：银行服务是核心竞争力。银行为经济、社会的发展提供金融服务，同时获取经营利润。所以，服务和赢利都是银行工作的重点。

广西某银行分行的营业部一直以优质服务著称，连续几年都被评为银行业协会的“百佳”网点。一次，某大集团的老总去南宁开拓市场，需要找一家银行帮忙打理金融业务。在对比了几家银行的网点后，这位老总发现该分行营业部的服务确实不错，就主动找到他们的网点，第一笔就划了一个多亿的资金过去。

他们营业部负责人非常高兴，逢人就说：“百佳”网点的评选太好了，我们按照要求打造出来以后，真正体现出了服务创造价值。

这就是服务直接产生效益。它是银行各项功能得以实现的基础和载体，也是树立银行品牌的关键着力点之一。

从目前的情况来看，合格的银行应该是一个可以提供优质、文明、规范服务的高水平的银行。过去粗放式的发展模式已经结束，可以说，现在，服务已经成为各银行立足的根基，银行的生存和发展，正以这样一种方式体现：优质服务赢得客户，从而赢得业务，赢得效益，继而获得规模、市场和生存的机会。

林先生是某支行的副行长，出于职业习惯，每到一个新地方，他总不忘去“拜访”当地的银行。

这次，他到德国访问，空闲的时候，就走进了酒店边上的银行。

当天是周末，按照德国银行的规矩，并不营业，但营业厅是开放的。林先生绕着橱窗看了看，又走进大厅转转，心中比较分析着国内外营业厅的格局和设计。

也许是林先生在营业厅里的停留引起了后台人员的注意，不一会儿，一位穿着整洁笔挺的老人走了过来，彬彬有礼地问：“先生，请问有什么能为您效劳的吗？”

林先生笑了笑说：“谢谢，我就是随便看看。”

老人欠身道：“我是本行的周末值班员米歇尔，我和我的银行都为您的光临感到荣幸。这是我行新推出的一些产品，请过目，欢迎您多提意见。”说着，米歇尔递上一份印刷精美的产品说明。

这样的事对林先生来说已经是司空见惯了。林先生接过来草草地翻了一下，就打算告辞。不料，这个值班员又叫住他：“先生，如果这份产品说明对您来说没有用的话，请您还给我，好让它为更多的人服务。”

“噢？”林先生一愣，心想，德国人做事果然一板一眼，这样的产品说明在国内不是谁想拿走就拿走的事儿吗？想归想，他很绅士地将产品说明递回给米歇尔，并谢过他打算离开。

可是米歇尔又礼貌地留住了他：“先生，刚才您看过这份产品说明，能否请您在感觉有兴趣的内容上做个标记，以便于我们统计客户的需求。”说着，递过来一枝铅笔。

这个要求很适当，作为银行从业者，林先生于情于理都不会拒绝这样的请求。于是他又打开产品说明，相对认真地看了一下，然后在自己觉得比较有特点的几个产品上打了勾。

把产品说明再递回给米歇尔的时候，林先生对这个工作认真负责的值班员已经有了些好感。这时，米歇尔又说：“先生，感谢您对我们工作的支持。按例我们银行会给您寄一张贺卡，请问您方便留下您的姓名和住址吗？”

这个要求也很正常。林先生又在米歇尔递过来的纸簿上写下自己住的酒店的地址和房间号。

米歇尔将地址仔细收好，然后说：“尊贵的先生，看得出您是一位非常有品位而且对银行产品有深刻了解的人。像您这样的人，应该有很多朋友，我相信他们对金融产品的需求跟您也会比较接近。不知您能否推荐一两位您觉得会对我们产品感兴趣的朋友？”

林先生确实还有几个德国朋友，而且也是同行，他此时对米歇尔比较有好感，也不愿意给人留下一个“这是个没有朋友的人”的印象，所以他很爽快地写下了一位德国银行家的姓名和联系方式。就这样，本来只是打算去银行里面逛一逛的林先生，不仅留下了自己的联系方式，还为银行推荐了一位客户。

走出银行后，林先生想着，不禁笑了：这位米歇尔的服务营销功夫可谓深厚。一切都让客户感觉到那么舒服，而且随时随地都在为银行开发新客户。而这还只是一个周末的值班员！如果这个银行每个员工都像米歇尔这样，甚至更强，那这个银行的竞争力该有多强?!

第二天，林先生就收到了银行寄来的卡片，上面有行长的亲笔签名，以及米歇尔热情洋溢的感谢辞。随卡片一起寄过来的，还有昨天林先生勾出来的几份产品的说明。与统一的印刷品不同的是，这几份说明是用打字机打的，可以看出是专门整理的文件。即使没有额外的说明，林先生也感到，这几份产品说明是专门为他制作的。心中不得不对这个银行的服务肃然起敬。

下午，林先生接到了那位朋友的电话。其实，他一时冲动留下朋友的联系方式后，还是有些后悔的，觉得自己贸然将朋友的联系方式告诉一个陌生人有些不妥。不过接到朋友的来电后，他就释然了，朋友很高兴他的推荐，并且说那几款产品中有一款刚好是他需要的，已经约好两天后去银行办理正式手续，打电话过来就是为了感谢他。

这次经历让林先生感慨良多。回国后，他将这件事在全银行分享，并告诫员工：我们现在才刚刚起步，和发达国家的银行服务相比，差距还很大！人家一个周末值班员都把为银行开发新客户、挽留客户当作自己的职责，尽心尽力。而我们有些员工，客户找上门来还一副爱答不理的样子。落差真是太大了，必须奋起直追，才不会在将来的竞争中连还手的余地都没有。

服务无小事。从德国银行这位值班员，可以看出发达国家对服务的重视态度。一方面是最大可能地让客户感到舒服、满意，另一方面是最大限度地挖掘客户资源，让新客户成为老客户，让老客户带来新客户。现在我们有些银行为了抢客户，特别是高端客户，不惜采用各种手段，吃、喝、送多管齐下，还往往收效甚微。其实，只要能将服务理念贯彻全行、全营业厅、全员，只要银行每位员工都以服务者自居，把以客户为中心作为工作目标落实好，其他的利益自然水涨船高。

银行是靠客户生存的。所以，客户是上帝。优质服务是润滑油，是银行和客户之间的心灵桥梁，只要诚心服务，创新服务，实现银行和客户的双赢就是顺理成章的事。

## 修炼箴言

BOOK OF PROVERBS

服务是银行最重要的无形资产。如今各家银行已经逐渐形成这样的共识：无论是人才的竞争、资金的竞争，还是科技的竞争、效率的竞争，其实，都是在比谁的服务更好、更有特色、更能满足客户的需求。所以，一流的服务质量成为商业银行之间竞争取胜的关键。

## 用心服务，坚持客户至上的原则

“客户至上，用心服务”，这八个字在很多银行的大厅里都能看到，开会、总结也不断重复。但是，是否每位服务者都落实了这八个字？因为服务是一件说难也难说易也易的事。如果说易，遵守工作流程，保证工作效率和工作质量，也是完成了基本的服务工作。但是要真正做到优质的服务，却必须要用心，要有爱心、有耐心、有诚心，否则，不能称其为优质服务。

初夏的一天中午，柜员小刘办理完交接手续准备去吃饭，刚刚走出营业厅，迎面走来一位五十多岁的阿姨，吃力地拿着沉甸甸的塑料袋说：“同志，我想麻烦你把这些钱给换换，行不？”

小刘二话没说，立即抱起钱币走进柜台。一打开塑料袋，浓重的腥臭味顿时弥漫了整个营业厅！大家都是一愣。小刘问过阿姨，才知道原来她家里开着一个海鲜摊位。这些长时间攒下的零钞，做生意用不了，跑了好多家银行，却都不给兑换。

看着一堆破损的零钞和油腻的硬币，还散发着难闻的气味，小刘依然微笑着对阿姨说：“您放心，我们马上给您换。”说着，她拿出洗脸盆，倒上洗衣粉，将所有的硬币快速清洗了一遍，随后和同事们十个一摞的整理。并且把破币该粘贴的粘贴，该弄平的弄的整齐。这样，整整用了一个多小时，才算整理完毕。

当阿姨接过兑换后的崭新大钞时，激动得说不出话来。此后，这位阿姨经常到小刘这里存钱，还把儿子经商的30多万元也转存到这家银行，并说动周围的邻居街坊到这家银行开户。

很明显，对小刘来说，当时是她的下班时间，她本可以置之不理，好好享受自己的午餐。然而她放弃了这些，因为在她的工作中，客户永远是第一位的，客户的要求就是她的服务项目，不论在工作流程和标准中是否存在。而其他的银行柜员，显然是因为虽然把零钱兑换成整钱是银行的义务，但是“清洗一袋又脏又臭的零钱”却不是他们工作标准里的责任，所以他们就心安理得地拒绝了。只有像小刘这样的服务者，才是真正用心为客户服务的好柜员。

何晓和“何晓工作法”是建设银行山东省分行倾力打造的一个个人服务品牌。

何晓是从前台柜员成长起来的普通员工，在建设银行山东省分行济南历下支行一直从事柜面服务工作，她将简单的服务过程演绎成精致的服务艺术，形成了独具特色的“何晓工作法”。

何晓1993年入行，一直从事柜面工作，这是一个很多银行职员不愿意长期做下去的岗位。大多数人认为这个岗位的工作单调、重复、枯燥，很难有大的发展。可是何晓却不这样看，当有人从柜台调走，问她为何不换换岗位时，她说："看到客户因为自己的服务满意而去，我就感到特别快乐，感觉自己特别有价值。客户给了我工作，给了我实现自己人生价值的机会，我对客户一直有感恩之心。"

一天，一位客户来到何晓的柜台前要办理销户手续，并解释说："不是对你们的服务不满，只是我的公司离贵行太远，办理业务不太方便。"何晓听了，没有因为流失客户而不快，而是说："没关系，不管您是开户还是销户，我们都很高兴为您服务。"客户满意而去。三个月后，办理销户的那位客户又来到何晓的柜台前，笑着说，他就是冲着何晓的服务而来的，这次他专门把个人的一百万人民币存在了建设银行。

当然，银行的客户也有难伺候的，何晓受到委屈的时候，就躲到卫生间去流泪，留给客户的始终是快乐和真诚。她说："为客户提供满意的服务，既是我的责任，也是我的价值所在。"

何晓处处用心、用情、用智服务，从细节入手为客户解决问题，赢得了良好的口碑和客户的信赖。有个单位的支票印鉴不清，两次被退回，下班后，何晓就买来印泥送给客户，并提醒客户避免因退票影响入账；遇到客户查询账户余额时，何晓会写一张小纸条递给客户，而不是大声告诉客户，她认为，必须要保护客户的隐私；有些企业财务人员并不是科班出身，对业务流程不熟悉，她在为这些人员办理业务时总是交代得特别仔细，不需要客户填写的，她就事先填写好，并且在客户容易出错的地方一一用铅笔勾上。她把自己的心、情、智融入服务的每一个细节中。

18年来，何晓始终如一，她所经办的业务无一差错，无一违章违规，并且无一客户投诉。她不断地总结自己的工作经验，最终概括成一套简单易行的“何晓工作法”。

这套工作法主要包括四个方面的内容：一是倡导“快乐服务”，二是服务过程用心、用情、用智，三是注重服务细节，四是创新服务流程。

2005年，“何晓工作法”在建设银行支行得到推广，全行实现了服务网点“零投诉”，2006年山东省建设银行在其所属网点推广“何晓工作法”，被客户誉为“快乐银行”。何晓2005年当选山东省建设银行分行“十大杰出青年”、“巾帼建功先进个人”，2006年被评为省分行优秀行员，获全国金融“五一”劳动奖状、“五一”劳动奖章、省分行突出贡献奖、“巾帼建功十大标兵”、“感动建行十大人物”等荣誉称号。

或许有人会说：我也想为客户提供优质服务，可是面对陌生的客户，繁重又复杂的工作，还有些莫名其妙地投诉甚至无理取闹，什么爱心、耐心、诚心都会受伤啊，又怎么做好服务？的确，这是事实，所以，善于调整自己的内心尤为重要。

调整自己的内心，首先要端正自己的职业精神，作为一名优秀的银行服务人员，要有正确的职业精神。

这种精神表现在工作中，就是积极的服务意识和高度负责的态度。在军事上，没有精神力量支撑的军队，不可能赢得长久的胜利，同样的，没有职业精神的服务人员，永远也不可能成为一名优秀的服务者。

所以，不论面对什么客户、什么问题，要始终保持良好的工作状态，积极、主动、热情地接待每一位客户，高效准确地完成每一笔业务，想客户之所求，急客户之所需，排客户之所忧，做生活中的有心人，工作中的用心人。

此外，人跟人因为出发点不同，看问题的角度不一样，所以对同一件事的态度也就不同。所以，换位思考，将自己放在客户的角度上去想问题，是调整内心的一个好方法。在服务中，全面周到地站在客户的立场上替客户着想，便会放弃简单地、完成任务式地去敷衍了事的思想，从内心深处认识到客户的事情就是我们自己要急于处理和解决的事情。

### 修炼箴言

BOOK OF PROVERBS

**如果服务者能做到连客户还没有想到、没有倾诉的事情，都能帮助他了解、建议和协调，那才是真正做到了用心服务，才是优质服务的最高境界。**

## 热情服务，让客户感受你的温度

先哲柏拉图曾经说过，人的行为就好比一辆有两匹马拉着的车，一匹马代表理智，另一匹就是情感。香港银行早在 20 世纪 80 年代末就发现，不近人情的服务，银行一定会付出更大的代价。不讲人情的员工一定代表着不讲人情的银行，银行没有人情，何谈人与人之间的服务。

银行最忌员工服务时皮笑肉不笑，说话时语气冷淡，答问时敷衍了事。将客户交来的文件随意丢置，一面工作一面和其他员工谈话或打电话等情况，都是要绝对避免的。

银行在“热情”的具体要求上，有“三到”：

1. 眼到。员工在工作中，不能埋头于工作，而应时刻注意客户的需求，先外后内，是银行提倡的原则。服务要一视同仁，切勿厚此薄彼，应按先后次序提供服务，对大户可请到大户室或会客室去，以免引起其他客户不满。

2. 口到。员工要主动礼貌地向客户提问。对客户应避免直呼全名，特别是某些客户的姓名读音有谐音时，应予小心。因为谐音有时会让人误解，引起旁人哄笑。对客户称“老”也需因人而异，特别是一般对女士不宜称“老”。对于专业人员应称“某某博士”“某某医生”，这样更能博得客户好感。对商场得意的商人，不妨说几句恭维的话，也能赢得客户。当客户在银行支票上签字走样时，员工礼貌地请客户再在反面签一次名，而不会说：“你签的名不像。”让客户难为情。当客户提交的身份证难以准确表明客户身份时，他们不会说：“这是你的身份证吗？”让客户不悦，而是通过其他方式证实客户的身份，将热情化为理解和真诚。

在与客户交谈中，还有“五忌”：一忌谈话过长，引起其他客户不满。二忌轻佻浮躁，应注意分寸，保持庄重。不可谈论他人是非，或谈论带有粗俗和低级趣味成分的话题。三忌泄露客户的账户情况和资金情况，遇客户账户资金不足或存取大额资金，为客户的安全和面子着想，不宜大声叫喊。四忌泄露银行的内部处理和审批程序，给银行工作带来不便。如告诉客户这项业务由某某经理批准，在客户致电那位经理时，经理难免窘于应答。五忌背后议论客户，当一位客户离开后，一位员工向另一位员工诉说客户的不是或相互谈论客户的着装、长相等，会给其他客户留下不好的印象。

3. 服务到。不少员工为了让客户按时吃饭，自己顾不上吃饭抓紧处理业务；为了让客户不淋雨，把雨伞借给客户，自己淋雨；为了不影响客户的时间，自己不休息，下班后登门为客户服务。然而一时的热情并不难，难就难在持久上。一位在银行主持服务工作的高层管理人员这样说：“当员工不高兴或碰到心烦事时能否对客户始终如一，热情和气；当遇上脾气大或不讲道理的客户时，员工是否可稳住情绪，笑脸相对，以实际行动感化客户，是检验我们服务水平的重要标志。”

一位银行的员工正为一位老太太服务，这位文质彬彬的员工除了跟老太太交流业务上的事宜之外，在打印存款单的时候用老朋友的语气问老太太：“这几个星期你没出来散散心？”老太太回答：“没有，我怎么都忘记不了他，40 年了，我们经历了太多了，每晚睡觉之前我眼前都是他的身影。”原来老太太的老伴刚刚去世。员工说：“不过，也许他在天堂比在人间更加幸福。你应该为他高兴才是。”这句委婉的宽慰话让老太太的脸上露出了一丝笑容。老太太离开后，一位新同事问这位银行员工：“你和这些客户都是那么熟的吗？”“那倒不一定，但是我们都能叫出大部分客户的名字。”

随着社会经济发展，各类客户对银行服务的差异化要求已十分明显。而银行传统上以账户为中心的管理方式却使得客户依然面对“一字排开的柜台、千篇一律的产品、一成不变的服务”。这种公事公办、无感情的服务模式，是导致客户流失的一大原因。

客户范小姐走到大堂经理面前。

大堂经理：“请问，你有什么问题吗？”

范小姐：“请问一下，你们行的卡用不了，是什么问题呀？”

大堂经理：“是不是你自己的问题，操作不当或者其他什么问题。”

范小姐：“你怎么能说是我的问题，我在刷卡时用不了。”

大堂经理：“你肯定经常把卡与手机放在一起。”

范小姐：“是的。”

大堂经理：“看来你的卡被消磁了，到那边填单台填写申请书，再排队到柜台重写磁条吧。”

范小姐：“真麻烦！”

大堂经理：“那怨谁啊，以后可要注意点，别又把卡与手机放在一起了！”

范小姐：……

在上述场景中，大堂经理处理业务的方式没有问题，但是服务方式有待商榷。很明显，听到这样的话，范小姐不会觉得很开心，何谈满意度？

其实，大堂经理完全可以稍微改变一下服务方式，就可以让客户疑惑而来，满意而归。

见范小姐前来，大堂经理就主动招呼。

大堂经理：“您好！有什么可以帮到您？”

范小姐：“请问一下，你们行的卡用不了，是什么问题呀？”

大堂经理：“您能把具体情况告诉我吗？”

范小姐：“我在商场购物，刷卡时发现卡没有‘反应’，用不了。”

大堂经理：“有可能是卡的磁条受损了。”

范小姐：“为什么会受损？”

大堂经理：“有时我们将手机之类的东西与卡放在一起，容易使卡被消磁。不过，不用着急，重写磁条就行了。”

范小姐：“怎么办呢？”

大堂经理：“请出示身份证到这边办理。”（将客户引导到填单台）

范小姐：“谢谢。”

大堂经理：“不客气。我们送您一个银行卡的保护套吧。”（拿出一个保护套递给客户）

从上述案例对比可以看出，客户服务能力，跟本人的学历、知识积累、业务水平等关系并不是很大。客户要的是温暖的语言和帮助，对错不是最重要的，如何解决和尽一切可能提供服务才是最重要的。

总之，无论是信息化、商业化，还是电子化，千万不要忘记了服务的人性化。热情周到的服务，能够融化一切坚冰，更能温暖客户的心。

## 修炼箴言 BOOK OF PROVERBS

**员工必须热爱客户，客户才会热爱银行。员工必须对客户有发自内心的热情，客户才会将业务交给银行。**

## 关注客户，一切以客户为中心

很多银行员工都认为自己的薪水来自银行本身，他们是在为银行工作，然后银行支付给他们薪酬。这样的想法其实是极大的错误。事实上，无论是银行行长还是银行职员，支付你薪水的都不是你所在银行，而是你的客户。

对任何企业来说，服务是取得销售成功的第一步。每个员工都要有自知之明，明确自己就是一个服务人员，如何为客户做好服务就是你的职责。记住，你的薪水来自你的客户，一定要关注客户，一切以客户为中心，否则，只会损害自己的利益。

银行提供的业务被客户选择了，犹如父母嫁出女儿一样。客户选择了银行的业务，就等于娶了你的女儿，因此银行与客户之间就有了姻亲关系。如果银行员工能这样想，那么自然就会关注客户的需要，重视银行提供的服务是否合客户的心意。如此一来，银行员工必然会对“出售”的服务质量多加关心。例如会想：“客户选择后是否觉得满意？”“到底有没有顾虑？”这种重视客户感受的心理，跟嫁了女儿后依依不舍的心情是一样的。如果银行员工每天都能抱着这种善解人意的态度做服务，就能跟客户建立起超越简单服务或业务关系的相互信赖感。有了这种相互信赖感，必然会受到客户的欢迎，从而使客户忠诚于银行。

在银行大厅，你经常可以看到不知所措的老年客户，碰到第一次到银行给在外地的孩子汇款的父母，见到因为忘记带证件而需要返家的客户……对于这些客户，也许你因为内部及银行流程的原因无法给他们解决问题，但是你是否看到和感受到了对方的难处和尴尬，有没有给对方以力所能及的帮助……这些都会给客户留下银行对客户的想法通过观察就能察觉的专业印象，从而让这些客户成为银行的忠实客户。

在任何时代，从事商业活动都必须注重服务，尤其是在产品高度同质化的今天，企业更应该重视服务。而主动询问客户的想法和需要，是赢得信赖、取得建议的好方法。银行的管理层不仅本身需要有这种一切以客户为中心的强烈意识，而且需要随时向职员强调其重要性。因此，只要银行上下均做到关注客户的感受，关心客户的需要，就不怕客户不光临。

想提高服务质量，不仅要为客户解决问题，还需要为客户创造快乐的体验。正如服务业常说的一个段子：医院里的病人需要的不仅仅是治疗，宾馆里的客人需要的不仅仅是一间客房，商场里的消费者需要的不仅仅是商品，手机用户需要的不仅仅是接打电话……同样，银行的客户需要的也不仅仅是存钱、取钱、办理业务，他们还需要被善待、被尊重，需要更多的体验。

2011年，一则某知名作家在银行泪流满面的新闻引起网民围观，并且引发了一场关于银行优质服务的讨论。这起事件是这样的：

除夕前一天，作家小雅（化名）一大早去医院取了父亲的检验报告。一直以来，小雅都是把报告单复印之后经过修改再给父亲看的，好让他明确地看到治疗结果，让老人得到心理安慰。但由于春节临近，很多商店都关门了，小雅找了几条街都没有找到复印的地方。

正发愁无法回家向老人交代时，小雅看见路边有个A银行，心想银行也有复印机，请他们帮个忙吧。

进到大厅，小雅给大堂经理说明了情况，大堂经理说大堂没有复印机，可以去柜台找里面的人。

小雅去了柜台窗口，此时正好没有客户，坐在窗口的是一位中年女性。小雅向她讲明了情况，还把检验报告单放在玻璃上让她看。

柜员很平静，没有一丝表情，也没有一丝笑容，说了一句话："不行，银行有规定，复印机不对外。"

小雅再次讲明情况："请你帮一个忙，老人是癌症，我不能给他看原件，本来我是要在外面复印的，只是因为过节，复印店都关门了，实在没有办法，我就只复印一张。"

柜员看了小雅一眼，还是那句话："不行，银行有规定，复印机不能对外。"

小雅只能起身离去。

出了银行大门，小雅看见路边有另一个银行，她心想，我今天偏要看一下，到底有没有人会帮我！

于是，她走进了B银行。一眼看见门边大堂经理的位置上有一位女士，她就径直上去，给她讲明了情况，所说的话与前面在A银行说的一模一样。

没想到，她一口答应："没问题，可以。"小雅一听这话，心里涌出一种说不出的感觉，顿时就热泪盈眶了。

大堂经理让旁边的保安带小雅去复印。一位穿着银行制服的小伙子怕保安弄不好，又亲自带小雅去贵宾室，拿来胶水，帮小雅复印、粘贴。

小雅坐在旁边，泪如雨下，百感交集，除了说"谢谢"，说不出任何一句话。

确实，我们不能指责A银行的员工，她说得没错，确实有规定，确实不能对外，那个规定是没有错的，她执行规定也是没有错的。但制度不能涵盖所有的情况，客户是人，执行制度的也是人，情感是由人来创造的。一张复印件，只是举手之劳，却能让一个客户感动到不能自抑，只能说，银行业真正以客户为中心的优质服务，要走的路还很远。

## 修炼箴言 BOOK OF PROVERBS

**一切以客户为中心的服务，就是使银行与客户之间形成一种难忘的互动，给客户留下愉悦经历的互动。**

# 第四章

# 展露微笑
# 用笑容融化客户

微笑服务不仅是一种服务态度，更是一种竞争力。因为微笑本身就具有“含金量”，它可以为客户提供高层次的精神和心理享受，可以使客户的需求得到最大限度的满足。

## 笑脸相迎，笑容是最好的黏合剂

微笑，古人解释为“因喜悦而开颜”，是一种特殊的语言——“情绪语言”，其传播功能具有跨越国籍、民族、宗教、文化的性质，几乎在所有的社交场合下，都可以和有声的语言及行动相配合，起到“互补”作用，充分表达尊重、亲切、友善、快乐的情绪，拨动对方的心弦，沟通人们的心灵，缓解紧张的空气，架起友谊的桥梁，给人以美好的享受。微笑服务更是银行服务中不可缺少的内容。

世界著名的希尔顿饭店的总经理希尔顿每次遇到员工时，都要询问这样一句话：“你今天对客户微笑了吗？”他指出：“饭店里一流的设备重要，而一流服务员的微笑更重要，如果缺少服务员的美好微笑，好比花园里失去了春日的太阳和春风。假如我是客户，我宁愿住进虽然只有破旧地毯，却处处可见到微笑的饭店，而不愿走进只有一流设备却不见微笑的地方。”正是因为希尔顿深谙微笑的魅力，才使希尔顿饭店誉满全球。

微笑是每位银行职员工作的一部分，是一种美德，是热情待客的表现。笑迎天下客，是服务工作的宗旨，是与客户打交道的基本态度。在服务工作中，微笑有重要的意义：微笑能把你的友好和关怀有效地传递给客户，使客户能迅速对你产生良好的第一印象，消除尴尬；微笑可以消除客户的陌生感，融洽与客户的关系，成为增进了解和加深友谊的桥梁；微笑增强了信任感，缩短了客户与服务人员在感情上的距离，易于接近、交谈；微笑能感染客户的情绪，营造和谐交往的基础，消除双方的戒心与不安；微笑能迅速打破僵局，是化解惊恐和唐突的最佳办法；微笑是心灵的钥匙，敞开双方的心扉，不仅能给客户带来精神上的愉快，也能体现出银行职员良好的道德修养和服务素质。

有人说一个员工就是一个窗口，这话很有见地。作为银行职员，你的一言一行不只代表你自己，还代表你所在的银行。所以，作为一名银行职员，微笑必须始终贯穿整个服务流程。

微笑服务是诚意与善良的表达；是培养客户愉悦情绪的良药；是引起客户兴趣、培养客户好感的温泉；是达到服务语言增值增效的强力添加剂。我们所提倡的微笑服务，是健康的性格、乐观的情绪、良好的修养、坚定的信念等几种心理基础素质的自然流露。微笑服务是维护与客户间良好关系的保障。

只有真心服务客户，把客户当成自家人，你发出的微笑才会自然甜美，客户才会认可你的微笑。要向服务要效益，向服务要发展，就必须让门难进、脸难看、事难办的陋习远离我们，真正为客户创造一个温馨、舒心的环境。微笑服务应该成为银行业员工的座右铭。

这天，柜员小赵遇到一位特殊的客户，一位六十多岁的老大娘。只见她东张西望地来到柜台前，用询问的目光注视着柜台里面的每位员工，最后目光停留在小赵身上。

小赵微笑着向大娘问候：“您好，大娘，您要办理什么业务？”

大娘小声说：“小姑娘，存款能得多少利息？”

小赵连忙回答：“大娘，存款分为定期和活期两种。定期存款利息多，活期存款利息相对比较少。您看您的钱如果常用，就存活期，不常用就存定期。定期有三个月、半年、一年……”

小赵带着微笑小心翼翼地解答着。同时，根据大娘提出的本金能得多少利息等问题，她以最快的速度一一准确的算出利息，以供大娘参考。

慢慢地，大娘那充满警惕的脸松弛了，并且露出了笑容。

可出乎意料的是，当小赵耐心地解答了大娘提出的所有疑惑，打算要为她办理存款业务时，那位大娘却说了一句：“啊，我就是随便问一问。”

听到这话，说小赵不失望是假的。虽然心里有落差，可她脸上还是面带微笑，亲切地对大娘说：“没关系，大娘，您有什么不明白的地方尽管问，同时也欢迎您到XX银行来办理业务。”接着，她又说了几句告别的话语，大娘带着满意的笑容离去。

让小赵意想不到的是，过了一个多小时，那位大娘又来了。这次，她拿来了3万元钱，办理了定期一年的存款业务。小赵耐心地为大娘办完业务后，那位大娘高兴地说：“还是你们银行服务态度好，看到你满脸的笑容，我心里就舒服，就愿意到你们银行来存钱。”看着大娘的笑容，小赵真正体会到了一个服务者的成就感。

对银行来说，3万元的存款的确是小数目，可是柜员小赵在跟大娘的交流过程中体现出来的服务精神非常可贵。虽然小赵也有过失落，但是她顺利地战胜了自我，始终笑脸相迎，最终用笑容留住了客户。

微笑服务虽然不需要时时微笑，但是必须在三个关键时刻微笑——见面的时候要笑，客户最兴奋的时候要笑，客户走之前要笑。这符合心理学的两个定律：一个是首因效应，一个是峰终理论。

首因效应，即人和人第一次交往中给对方留下的印象在对方的头脑中占有主导地位。比如谈恋爱都讲究“一见钟情”，因为第一眼很重要。同样，在与客户见面的最初7秒钟，你给客户留下的印象也极为重要。

峰终定律，即人对体验的记忆由两个因素决定：高峰（无论是正向的还是负向的）时与结束时的感觉。客户印象最深刻的时候，一是他最兴奋的时候，二是临走前。比如，我们去餐厅吃饭，临近结束的时候，店家赠送了一个免费的很好吃的果盘，我们会感觉不错，先前用餐时也许发生过不愉快，但是因为这个果盘就忘记了。同理，在银行办理业务时，客户什么时候最兴奋？当然是拿到钱或者银行卡的时候，通常兴奋点在双手递或者接的附近。于是我们导出了微笑服务的三个重点——进（出）门微笑、近（离）柜台微笑、递接（还）时微笑。

中国有句老话叫做“朱唇未启笑先闻”。微笑着赞扬他人使对方感到你的诚心，微笑着批评他人使对方感到你的善意，微笑着拒绝他人使对方体谅你的难处……可见，微笑服务在工作中发挥了多大的作用，它的直接表现就是工作业绩和竞争力。

## 修炼箴言

BOOK OF PROVERBS

**微笑服务是一种高层次、高规格的礼貌服务。银行服务与千家万户接触频繁，更应当充分强调和发挥微笑的作用，深入持久地开展微笑服务，并提高其层次，只有这样才能塑造崭新的行业形象。**

## 微笑训练，微笑是态度更是技术

“微笑服务”不仅是一种态度，也是一项技术。技术要靠训练，不是想要就有。

微笑至少包含两项技术：心理调节技术和肌肉张力训练技术。

微笑要亲切自然才会让人产生好感，这首先取决于一个好心情。但是，一个人每天都会遇到一些烦心的事，家庭问题、工作问题、待遇问题，都会让人心情不快。这就需要学习心理调节技术，使自己在工作时间内始终保持心情愉快，尤其不能让内心的不快流露到脸上来。

肌肉张力也会影响微笑效果。大部分人的脸部肌肉张力不够理想，在微笑时显得比较僵硬，这需要经过长期训练才能达到自然的程度。

几百年来，成千上万的人为意大利文艺复兴时期大画家达·芬奇的作品《蒙娜丽莎》而陶醉，也为画面上那位贵族妇女的神秘微笑而迷惑。为了探究这一笑容的起因，人们提出了不少假设，而最近的也是最简单的假设是意大利一位叫苏拉诺的医生提出的：作为模特的那位蒙娜丽莎女士实际上在精神紧张时和睡眠时有咬牙的习惯，而在此时就会形成画面上的神秘微笑。他说，也许这位模特在达·芬奇画画时精神太紧张，从而无意识地咬起牙来。我们也来尝试一下吧，无意识地咬牙会形成蒙娜丽莎般的微笑！

“微笑服务”的观念已引进国内多年，但日常生活中我们很难看到真正的微笑服务，这显然不是观念问题，而是技术问题。大部分服务人员缺乏训练，这才是真正的原因所在。

威廉原先是一个表情严肃的人，他去一家保险公司应聘推销员的职位时，那位人事经理告诉他：“推销员必须有一张迷人的笑脸，而你却没有。”

威廉想：如果迷人的笑脸是成为推销员的条件，我必须练出一张迷人的笑脸，否则我去任何公司应聘都会碰壁的。

从此，他每天对着镜子苦练笑脸，或微笑，或大笑，“没事偷着乐”。经过一段时间练习，他再次去那家保险公司应聘。经理说：“你已经笑得很迷人，可惜脸部肌肉过于僵硬。”

威廉并不气馁，回来继续练习。他搜集公众人物的照片，细心揣摩他们迷人的笑脸，并对照练习。当他对自己的脸部肌肉已经很满意的时候，又去见那位经理。经理的评价是：“你的笑容还不够完美，因为你的眼神中没有笑意。”

威廉回来继续练习。他发现，除非真的感到开心，眼神才有笑意。他练了很长时间，才练到对任何人、任何事充满好感的程度。他如愿以偿被那家保险公司录取，并成为美国人寿保险业中少数几个年收入超过百万美元的超级明星之一。

迷人笑脸是训练出来的。据说，日本航空公司的空中小姐，仅微笑一项，就要训练半年之久。当然，也有个别人脸部肌肉张力好，不经训练就拥有一张迷人的笑脸。但毕竟大多数人的笑脸还不够完美，有加以训练的必要。如何训练笑脸呢？

第一步：调整口形，训练笑容。念“一”，同时使双颊肌肉用力上抬，口角两端尽量上翘，但要注意下唇不要用力太大。

第二步：口眼结合，训练笑意。眼睛的笑，一是“眼形笑”，二是“眼神笑”。内心充满温暖、喜悦时，眼睛的笑意一定非常迷人，所以心理调节很重要。当然也可运用方法练习：用一张厚纸遮住眼睛下边部位，对着镜子，默想着最开心的情景，鼓动起双颊、嘴角两端做出微笑口型。这时，你的眼睛会露出自然的微笑。然后放松面部肌肉，嘴唇恢复原样，目光仍保持盈盈笑意。这种方法需多次练习才行，难收立竿见影之效。

第三步：笑与语言结合，训练笑语。对着镜子微笑着说“早上好”、“欢迎光临”等礼貌语。观察镜中形象，不满意就调整口形和面部肌肉，满意就多练几遍，直到这个形象能自然流露。

第四步：笑与举止相结合，训练笑态。对着镜子，边微笑边做出请、握手、点头等动作。对镜中形象不满意就加以调整，直到满意为止。

银行职员要养成并练就有不顺心的事、有烦恼时仍然微笑服务的习惯。

人在社会生活中，总会遇到不愉快的事，不要把自己的苦恼、悲伤带到工作岗位上来，要时时处处保持对宾客微笑服务、保持良好的工作情绪和美好的心境，能做到这一点是最为可贵的。

## 修炼箴言 BOOK OF PROVERBS

**快去练习微笑吧！微笑不仅是全世界通用的语言，还是一种无声动人的音乐，更是人类一种高尚的表情，它永远是生活里明亮的阳光。**

## 真挚诚恳，真诚的微笑最动人

微笑服务需要以诚挚为基础，将发自内心的微笑充分运用于接待服务工作之中，对客户笑脸迎送，并将微笑贯穿于服务工作的各个环节。让微笑服务持之以恒的关键，就在于发自内心。因为微笑是一种情绪，也可以说是一种气质的流露，是积极的人生态度的表现。

要拥有发自内心的微笑，就要从培养积极的世界观和人生观开始。不论是日常生活，还是工作学习，都要有积极向上的精神。不论遇到什么问题或者困难，都要养成积极面对的态度，不逃避，不抗拒。

2005年9月的一个周日下午，某支行行长接到分行有关部门电话，说有客户投诉该支行的大堂经理。行长马上打电话让柜台经理了解情况，并说明，明天（周一）上班时自己会亲自到营业厅处理。

第二天一早，刚上班，行长就来到了营业厅。据柜台经理讲，昨天下午，有两口子，大约50多岁，怒气冲冲地来银行质问大堂经理。

说前天他们80多岁的老父亲来行办理业务时，为何把押运公司的保安叫来？保安拿着枪，离老人那么近，把老人吓病了！回家就说胸口闷，不舒服，今天还没好。所以他们来讨个说法。

行长问："当时大堂经理怎么处理的？"

柜台经理说："大堂经理给他们解释，他们不听，还高声叫嚷，非要找领导。后来他们就直接给分行打电话投诉了。"

行长再问："那当时的情况到底怎么回事？你在场，给我说实话。"

柜台经理说："其实真不是我们的责任！我记得那个老人头发雪白，精神也好，那天来购买理财产品。因为他年纪大，从进门到离开营业厅，迎宾、大堂经理和柜员都接待得很仔细，取号、领座、倒水……都做得一丝不苟。老人因为对理财产品不了解，还向大堂经理咨询了好几次，大堂经理解释得也很耐心。柜员在办理业务的时候，服务也很周到，我以人格保证。"

行长接着问："那保安和枪是怎么回事？"

柜台经理说："那天是我们到分行入库，押运公司保安员在营业大厅里持枪站着。但是离老人很远，是靠大门口的位置。这押运公司是来行入库的，跟老人根本没有丝毫关系，也不知道老人怎么想的，或者就是他孩子有意闹事……"

行长说："行了，别发牢骚。老人儿子昨天还说什么了？"

柜台经理说："……他说今天再来，如果不能给个说法，就要让媒体曝光。"

行长说："知道了，把前天的录像调出来先预备着。"

上午10点多的时候，老人的儿子和一个青年记者来了。他们指名要找行长，嚷嚷着必须要给个说法。行长将他们请到行长室坐下，他们说明了所了解的情况，并且邀请他们下午来银行看录像核实，也欢迎记者同志参与。

下午2点多，两口子和记者一起来了，后来才得知该记者是老人的侄孙。他们到了行长室，还一直在说银行的服务如何不好等话。行长也不争辩，只是微笑着邀请他们先看录像再说。

录像清楚地表明，当天老人来办业务时，大堂经理和柜员的服务都非常好。两个姑娘一口一个大爷地叫着。老人弄不明白理财产品和储蓄业务的区别，问了很多问题，柜员和大堂经理都解释得非常耐心仔细。

再一看，录像上押运公司的保安在离老人很远的地方站着，一点儿也没打扰老人。两口子对望了一眼，都不说话了。

记者又特意核实了一下录像的拍摄时间和完整性，确定是原件。

这时行长提出继续放周日他们来行吵闹的录像，他们连声说："别放了。别放了。"

看完录像，回到行长办公室，老人的儿子很不好意思地提出：父亲年纪大了，身体又弱，这几天一直为去银行的事儿心里有些疙瘩，能不能请银行给老人打个电话，说点什么。没别的，就是想让老人心里舒坦点，也是尽儿女的一点孝心。

行长说："没问题，完全可以。别说打电话，登门都行。但是要说明，这是从私人的角度出发，是为了让老人高兴而做的。"老人的儿子和记者都表示心知肚明，而且对行长的理解和宽容深表感谢。

当着他们的面，行长给支行办公室主任下了指令，让他给老人打个电话，就前天的事情向老人表示歉意，并指明：解释为辅，安抚为主，要真诚，直到把老人心中的不快消除为止。并且强调：谁家没有老人，谁没有父母，要像孝敬父母一样安慰老人。如果必要的话就登门拜访，算出公差。

之后，支行办公室主任按吩咐给老人打了电话，两个人在电话里说了近半个小时，老人很高兴。一场本来可能会引起大纠纷的误会，消散于无形，该银行也在客户中赢得了信任和声誉。

上述案例说明，不论怎么注意和小心，服务有不周到的地方在所难免。否则，老人就不会有意见。同时说明，当碰到客户投诉，不论谁有理，一定要热情接待，真诚面对，不要争辩对错，先化解怨气，再弄清真相，以解决问题为目的，尽量让客户满意。

如果客户有额外的要求，在不违背制度和原则的情况下，应该尽量满足。银行不仅是一个处理金融业务的机构，更是一个提供金融服务的平台，办好业务，是本分，给客户创造快乐的体验，才是微笑服务的核心。比如，给老人打个电话，于银行无损，于客户有益，让老人高兴，他的儿女就满意，何乐而不为呢！要相信，满足客户需求的同时也就是满足了银行的服务职能。

那么，银行职员怎样给客户提供一流的微笑服务呢？

**1. 要有发自内心的微笑**

对于客户来说，硬挤出来的笑还不如不笑。有些银行提出“开发笑的资源”，强求职员向客户去笑，这是不明智的做法。

微笑，是一种愉悦心情的反映，也是一种礼貌和涵养的表现。职员并不仅仅在柜台上展示微笑，在生活中处处都应有微笑，在工作岗位上只要把客户当作自己的朋友，当作一个人来尊重他，你就会很自然地向他发出会心的微笑。因此，这种微笑不用靠行政命令强迫，而是作为一个有修养、有礼貌的人自觉自愿发出的。唯有这种笑，才是客户需要的笑，也是最美的笑。

**2. 让微笑成为习惯**

如果只是把微笑服务看作一种工作要求，那么微笑就会成为负担；如果把微笑看作一种人生态度，看作一种生活习惯，那么微笑就很自然地无处不在。早上起来，先对自己微笑；晚上临睡，对过去的一天微笑；对谩骂和指责微笑，因为它们帮助我们成长；对失败和挫折微笑，因为以后不会再错……总之，养成一种微笑的习惯，是让微笑服务持之以恒的最有效的做法。

一位优秀的女银行职员脸上总带着真诚的微笑。一次与人聊天，朋友问她：“你一天到晚地笑着，难道就没有不顺心的事吗？”她说：“世上谁没有烦恼？关键是不要也不应被烦恼所支配。到单位上班，我将烦恼留在家里；回到家里，我就把烦恼留在单位，这样，我就总能有个轻松愉快的心情。”

若是银行职员们都能善于做这种“情绪过滤”，就不愁在服务岗位上没有晴朗的笑容了。

银行职员遇到了不顺心的事，难免心情也会不愉快，这时再强求他对客户满脸微笑，似乎是太不尽情理。可是服务工作的特殊性，又决定了他们不能把自己的情绪发泄在客户身上。所以银行职员必须学会分解和淡化烦恼与不快，时时刻刻保持一种轻松的情绪，让欢乐永远伴随自己，把欢乐传递给客户。

**3. 要与客户有感情上的沟通**

微笑服务，并不仅仅是一种表情的表示，更重要的是与客户感情上的沟通。当你向客户微笑时，要表达的意思是:“见到您我很高兴，愿意为您服务。”微笑体现了这种良好的心境。

微笑服务并不意味着只是脸上挂笑，而应是真诚地为客户服务，试想一下，如果一个银行职员只会一味地微笑，而对客户内心有什么想法，有什么要求一概不知，一概不问，那么这种微笑又有什么用呢？

因此，微笑服务，最重要的是在感情上把客户当亲人、当朋友，与他们同欢喜、共忧伤、成为客户的知心人。

## 修炼箴言

BOOK OF PROVERBS

**只有发自内心的诚挚微笑，才具有会心的魅力，才能感染对方，发挥情绪沟通的桥梁作用。这样的微笑，才能营造良好的工作氛围，并有益于自身的身心健康。**

## 笑对责难，把委屈留给自己

银行职员要想落实微笑服务，心胸宽阔至关重要。接待过程中，难免会遇到出言不逊、胡搅蛮缠的客户，银行职员一定要谨记“忍一时风平浪静，退一步海阔天空”。有些客户在柜台办理业务时总是频频催促业务员。遇到这种情况，业务员绝对不要不高兴或发脾气，应该这么想：“他一定有非常着急的事情，所以才会催我”。在这种想法下，便会对客户露出体谅的微笑。

总之，当你拥有宽阔的胸怀时，工作中就不会患得患失，接待客户也不会斤斤计较，你就能永远保持一个良好的心境，微笑服务会变成一件轻而易举的事。

这天，一位穿着体面的年轻男子来到某银行网点，把厚厚一摞百元大钞递给了临柜人员小蔡，说这是一万元钱，要开个存折。小蔡马上微笑着用双手接下，经过反复清点，发现仅有9600元，连忙告诉年轻男子：“先生，这是9600元！要不您再查查？”

“不可能，我在家点过好几遍了，绝对是一万元钱！”年轻男子自信地说。

“确实是9600元，要不请您再复点一下？”说着小蔡双手把钱递过去。

年轻男子不耐烦了，拿起钞票狠狠地往柜台上一摔，“点什么点，绝对是一万元，要不就是你们贪污了！”

“先生，您再好好仔细想想，看看这钱有没有谁动过或落在哪儿了？”小蔡不恼不火，颇有耐心地微笑说。

这时，从门口走来一位打扮时髦的年轻妇女，一把拉过年轻男子的手兴奋地说：“老公，我刚在步行街买了身衣服，你看好看不？”

年轻男子头也没回，不耐烦地说：“去！没看这儿正烦着呢，莫名其妙地钱少了。”

“钱少了？对了，今天见你包里有那么多钱，我就拿了四张，早就相中了这件上衣，所以……呵呵，忘了给你说啦！是不是少四百？”

“什么？……”年轻男子好像明白了什么，一下子脸红了，不好意思地向小蔡道歉……

这只是一件小事，而这样的小事在每个银行都可能上演。恰恰是从这类小事中，可以看出我们在面对客户时，是否能够笑对责难，是否真正有以客户为中心的服务态度。因为服务的最终目的，就是要让客户满意。

小奚入行三年，连年被评为文明服务标兵，并且轻轻松松、自自然然，每天只要一进入工作状态，她的脸上就荡漾着甜甜的微笑。她和风细雨地善待每一位客户，认真对待每一件事情。

有一天，一个客户拿了3万元现金来开户，数着数着，小奚发现了一张百元假钞。告诉客户后，客户马上要求小奚把假钞还给她。

小奚微笑着说："对不起，按照规定收到假钞必须没收，所以不能还给您。"

这时客户非常生气，她直接说要把钱全部拿回来不存了，还说了些难听的话羞辱小奚。当时，营业厅里年轻气盛的男同事都气得握紧了拳头，如果不是为了工作纪律，他们可能会冲出柜台与这位不讲理的客户理论一番。

面对客户愤怒的眼神、难听的话语，小奚并没有生气，还是一如既往地面带微笑耐心地向她解释说："没收假钞是我们的职责，目的是为了更多的人不受假钞的侵害。如果您不想假钞再流向社会害人的话，请您配合我们的工作。"

小奚的温和与微笑终于感动了客户，她另外摸出了一百元凑足三万元存了定期，并说："你们这里的服务太好了，还正规，下次我还到你们这儿来存钱。"

可以想象，小奚几年如一日的笑容，正是源自她宽阔的胸襟和充分的自信。试想：一个对生活悲观失望的人，一个愤世嫉俗的人，怎么会总有微笑的心情，一个连对客户提出的问题、对工作的压力都没有信心承受的人，又怎么能笑得出来？

## 修炼箴言 BOOK OF PROVERBS

**微笑服务既然作为规范化服务的重要内容之一，表明它不会自发形成，而是需要进行多方努力，才能蔚然成风，持之以恒。为此，我们要善于保持心态平和，让自己维系一种有助于微笑的良好心境。**

# 第五章
# 塑造形象
# 提升银行的美誉度

银行员工的形象是银行形象的一个重要组成部分，是银行的第一“门面”，是反映银行管理水平的重要标准。

# 干净整洁，关注你的“面子”

银行职员在面对客户时，任何人都无法回避个人容貌给客户留下的印象，这种印象有时候甚至会产生举足轻重的作用。如果形象邋遢，难免会使客户对你敬而远之。

一位银行的外勤人员，不注意个人的仪表，牙齿由于抽烟过多而变得发黄。他本人认为这无伤大雅，而他的主管认为，这将使他的个人表现大打折扣，必须改观，因为外勤人员的仪表是十分重要的。当这位外勤人员洗牙后再次出现在主管的面前时，主管微笑地拍拍他的肩膀，将一项重要的外勤任务交给了他。

面对日趋激烈的银行行业竞争，几乎所有的银行都不约而同地开始关注自身形象给客户带来的印象。而所有的银行职员也都了解，在服务于银行客户时，个人的仪容仪表是对方关注的焦点，也是银行整体形象的具体体现，因而大力维护自身形象的重要性几乎已成为所有银行职员的共识。

要真正做到仪容干净整洁，需要长年累月、坚持不懈地进行以下仪容细节的修饰工作：

**1. 面部清洁**

在人际交往中，人们首先注意到的是人的面部。银行职员要认识到个人面部洁净的重要意义，尤其是银行柜员坐在柜台里，首先映入客户眼帘的就是这个银行柜员的面部容貌，因而面部的干净显得尤为重要。要时刻注意面部的尘土、汗渍、油垢、不协调妆面等。要时时注意清洗面部，必要时，随时在工作中抽出时间来净面。对于外出公干归来，或接触灰尘后，更应自觉洗脸。洗脸时重点要放在那些易于藏污纳垢的地方，如眼角、耳后、脖颈等处。

此外，男性员工要在上岗前坚持剃须，切忌胡子拉碴。一些女性职员过于浓重的汗毛，也应及时根除。需要补充的是，某些男性职员容易忽略的面部卫生细节更应重视，并时时提醒自己多加注意。如鼻部的卫生，鼻毛的修剪，切记不能让鼻毛长出鼻孔之外，在工作岗位上随意抠鼻子更是银行职员的大忌。诸如此类的细节，都要求银行职员时刻关注，不可大意。

**2. 注重眼部卫生**

银行职员在工作岗位上要注意眼部清洁，眼角里不能有“眼屎”，哪怕是一点点。更要注意眼部休息，不能睡意蒙胧，满眼血丝示人。倘若有必要戴眼镜，也要选择中规中矩的镜框，不可夸张或另类。当然，也不能戴墨镜。

**3. 口腔维护**

银行职员要高度关注口腔卫生。饭后刷牙，最主要的是在上岗前不可吃刺激味很浓的食物，如葱、蒜、韭菜等。酒后上岗更应禁止。当然，还应该注意饭后残留物是否留在你的牙缝里。

4. **发部修饰**

形象设计方面的专家曾指出：“正常情况下，一个人最引人注目的地方是对自己的头发所进行的修饰。”银行职员在工作中要有意识地关注自己的发型和头发长短，做到既符合工作标准，又给客户以精明能干之感。因而对头发进行修饰也就成为银行职员必不可少的一项功课。在进行发部修饰时，要考虑金融行业的特殊性，切不可率性而为。

（1）男性职员的发型

在银行工作中，男员工的发型应体现庄重而保守的风格，这样做有易于得到客户的信任。

男员工要经常清洗头发。正常情况下 2 天左右洗一次头发。如果是油性头发，则要每天清洗一次。要养成使用护发素的好习惯，以保持头发柔软并易于梳理。如果发质比较干枯，应通过焗油或使用营养素的方法来调理。

男员工头发的长度应该长短适中，以短为宜。具体标准是前侧头发不抵眉，两侧头发不掩耳，鬓角不长于耳朵中部，后侧头发不触及衣领。

男员工不得剃光头，不染比较个性化的彩色头发，不能追求过于时尚夸张的发型。为了保持精神利落，应根据头发生长的规律，至少在半个月左右理一次头发。

男员工要在规范、得体的基础上选择适合自己脸型、体型和年龄的发型。比如大脸型的男士可以选择偏分头，小脸型的男士可以选择寸头等。

（2）女性职员的发型

女士的头发有长发和短发之分。短发的标准是指发不过肩膀，还要做到刘海不超过眉毛，两侧不遮盖面部。超过肩膀的头发，在工作时要将其盘起来。盘发的步骤如下：

将头发用皮筋束起来。

将银行统一配发的发花固定在皮筋处。

将头发放入发花的发网中，使之形成比较饱满的发髻。

用黑色发卡将发髻内侧固定在头发上。

发髻的底端要和耳垂保持水平。如果留刘海要做到长度不超过眉毛，耳部两侧要无碎发。还要注意不要在客户面前梳理头发。

在工作中不要佩戴过于夸张的发饰，例如颜色过于鲜艳的发卡、造型比较夸张的头花等。

**5. 指甲修饰**

很多银行女职员通过美甲或留长指甲的方式表达对生活的热爱。可是，在工作岗位上，这样的做法是欠妥的，使用无色、透明的指甲油比较好。

指甲的长度要适宜，其标准是在掌心朝向面部，将手指尖和视线保持水平时看不到自己的指甲。

## 修炼箴言

BOOK OF PROVERBS

银行岗位的特殊性要求银行职员关注自身的每一个细节，要有意识地体现庄重而保守的职业形象，使个人风格与自己的服务身份相称，以便在工作岗位上更易于得到服务对象的信任。

# 适度化妆，妆容要符合你的身份

银行职员工作的一个核心就是要求职员能够真正体现出以客为尊的服务宗旨，而要贯彻这一宗旨，上岗时进行适度化妆后再服务客户显得尤为重要。在银行工作中，女性银行职员都能做到化妆上岗，而做到化妆适度，以淡为主，则更能体现对客户的尊重。

要求女性银行职员化妆上岗，并不是要求所有银行职员一定要自备高级化妆品，精心化妆一番才能上岗，而只是要求适度化妆，以淡为主。这既是对自身形象的爱护，又能体现出自身的敬业精神。

银行职员在上岗前对自己的化妆，必须要在化妆方法、化妆禁忌等方面严格遵循相关的礼仪规范。

**1．化妆的原则**

银行职员在工作岗位上服务客户时，其本身的工作岗位要求及客户对银行职员的期待等因素都要求银行职员在岗前化妆时应区别于一般的服务性工作岗位，应体现庄重、适度、简洁的风格。

（1）庄重

对于客户而言，希望看到一个具有职业形象特征的服务人员，不希望看到一个妆面艳丽、似乎令人产生难以接近之感的银行职员。因此银行职员的化妆要以庄重为主。

（2）适度

一些在二线工作的银行员工在不直接接触客户时，化妆可以从简，甚至可以不化妆。但是对于做一线服务的银行职员而言，一定要化妆上岗，而且要把握住一个度。要因人因岗适度化妆，不能浓妆艳抹，更不要在身上喷洒一些味道过于浓烈的香水。

（3）简洁

银行职员的岗前化妆，并不是一定要“面面俱到”，可以结合自身的特点，就某些重点部位做一些修饰，如眼睛、嘴角、眉毛等，对于其他部位则可以从简。

**2. 化妆的方法**

银行职员工作妆并不是可以随意而为、草率应付的，应当把它当作自身工作时的必备素养加以提升。那些认为不经过学习就可以把自己的妆化好的银行职员一定要谨记，有些看似“说得过去”、“差不多”的后面隐藏着一些被人忽视的常识错误和禁忌。化妆作为一种技巧，银行职员要很好地掌握。

银行职员工作妆大体上包括打粉底、画眼线、施眼影、描眉形、上腮红、涂唇膏、喷香水等步骤。

（1）打粉底

打粉底是化妆的第一步，借助粉底可以达到调整面部皮肤颜色的目的。打粉底前要先洗脸，之后可适量拍上化妆水，然后选择适合自己肤色的粉底，用手或专用海绵均匀抹开，同时要顾及耳后、颈部等部位，让整个粉底色和肤色浑然一体，切忌粉底打上后和自身肤色反差过大。

（2）画眼线

眼睛是心灵的窗户，要想让你的眼睛在面对客户时炯炯有神，则一定要画眼线。画上眼线时要从内眼角朝外眼角方向画，而画下眼线时顺序则刚好相反。眼线的均匀适度最重要，不要看上去过于僵硬。

（3）施眼影

眼影的作用是凸显化妆者眼部的丰满和亮泽，让化妆者的眼部看起来更加有神。选择眼影时，不要在工作场合选择过于鲜艳的眼影，同时应当做到通过眼影来强化化妆者眼部的轮廓，凸显层次感。

（4）描眉形

银行职员岗前化妆少不了要关注自己的眉毛。因个人差异性，人的眉毛有浓有稀，甚至有些人的眉毛淡到似无却有。鉴于眉毛对个人容貌的不可替代的美化作用，因而描眉是化妆中的重点。描眉要因人而异，注意年龄、脸形。描眉前要适当修剪眉毛，尽量做到上浅下深，两头要淡些。

（5）上腮红

上腮红是指在化妆者的面颊上抹上适量的胭脂来凸现化妆者的面部轮廓，使化妆者看上去更有活力。但鉴于银行职员岗位的特定性，其在工作岗位上妆面不适宜用过多胭脂，淡淡的就好。

（6）涂唇膏

银行职员在涂唇膏时，要注意先画唇线，再涂唇膏。选择的唇膏颜色也要因人而异，如嘴唇厚的人，不宜选择过于鲜艳的红色。对于选择无色唇膏来缓解因天气过于干燥而带来的唇部起皮、掉屑问题，男女通用。涂上唇膏时，要检查有无涂到唇线外，如果涂到唇线外，一定要用纸巾擦掉。

（7）喷香水

银行职员在工作岗位上，不提倡喷洒味道过于浓烈的香水，但可以因人而异，选择淡雅清新的香水。喷洒香水时只能在自己的腕部、耳后等部位适量喷洒。

**3. 化妆的禁忌**

化妆时应避免某些错误做法，化妆禁忌包括以下几方面。

（1）不要选择离奇出众的创意妆。化淡妆不能脱离自己的工作角色，不能追求怪异、神秘的妆容。

（2）不要残妆示人。工作中，在出汗、休息或用餐之后，容易出现脱妆。如果没有及时补妆，以残妆示人会给客户懒散、邋遢的感觉。所以，应及时检查和补妆。

（3）不要当众化妆或补妆。无论是在办公场合、营业厅，还是其他社交场合，需要补妆时应去盥洗室，切忌当众补妆，尤其不要在男士面前补妆。

银行职员的化妆还应当结合本行业的一些内部规定，做到因岗因人有别，男女有别等。尤其是一些常识性的化妆技巧，要求银行职员一定要了解掌握，用以塑造出自己良好而专业的形象。

## 修炼箴言

BOOK OF PROVERBS

银行职员的妆容要淡雅，化妆最好能在短时间内完成。妆容要与制服、配饰、职业、职位等众多因素相协调，从而达到美化自己、尊重他人、振奋精神、增强自信和塑造良好职业形象的目的。

## 着装得体，让服饰为你的形象加分

服装文化是银行企业文化的一部分，讲究穿着已不是为了虚荣，而成为金融圈里的职业习惯。重视衣着至少有两方面的原因：一是与银行家所追求的保守、稳健的职业风格更为相符；二是表现出银行界人士的高收入和高生活质量。银行十分重视职员的穿着，使员工把穿着正规、讲究看成是职业素养的一部分。服装在银行管理中扮演着十分重要的角色，所谓“远看服装近看人”，服装是员工形象的第一效应。

香港银行为了每年给员工提供精美的服装，特意聘请了高级职业装设计师和剪裁师，为员工精心设计、量体裁衣。银行专门聘请世界一流的服装设计师，聘请一流的模特，举办服装演示会，这种演示会成为银行一项重要的社会性活动，员工和客户观看模特表演，银行也在宣传自己的文化，通过评比，银行选定自己员工的服装，以挑选具有时代感、职业感和本行特点的、最受员工欢迎的服装。服装式样已成为银行的招聘广告，高雅精美的服装吸引了俊男靓女，也吸引了高素质的人才，因为它从一个侧面反映了银行的风貌。当银行职员身着设计独特的制服走在大街上时，他们在与同业进行无声的竞争，比质量、比花色、比款式，更重要的是比穿着它的人的精神面貌。

香港银行每年花费在员工服装上的费用高达百万元之巨，而且随着物价水平的不断上涨，高档制服和银行服装如今已成为不可分割的两个概念，制服的费用已成为银行支出中必不可少的一部分。服装样式渐渐形成定式：男员工是西服，颜色以深为主，身着白衬衣，佩戴有暗花的领带，皮鞋为深色，冬天着开襟毛衣和毛背心，夏天着白色短袖。女员工常年是西装套裙，一色裙，淡雅素花的西装上衣，身着花边、花领的衬衣，冬天配有开襟毛衣和毛背心，夏天配有小马夹。服装季节性非常鲜明，冬有冬装、夏有夏服，不同色调、不同花色。

由于银行内常年恒温，西装可以常年不离身。管理人员的制服与督导层和经办层人员不同，式样由己，银行每年向管理人员发放服装费，他们在格调统一的前提下自购服装，使得管理人员服装式样五花八门，但男必须着西装，女必须着西装套裙的定式不能变。他们的服装都是庄重大方，男西装、衬衣和领带通常是两纯色一花色，女套裙一般只限一种花色图案，连皮鞋和手袋在内一般也不超过三种颜色。

员工服装管理是香港银行员工管理的一项重要内容。员工必须着装整齐干净，银行对员工服装的保管、洁净程度、换季时间、孕妇服装等都有详细的规定。行长室以下员工都必须佩戴员工名牌，服装上除了员工名牌之外，不允许有任何个人服装饰物，给人留下很强的职业感。

香港银行为了使服装统一，对员工头饰、袜子颜色、皮鞋式样都作出具体规定，各级主管加以监督检查。人事部定期对全行的着装进行讲评，银行采取各种措施保证银行在服装上的投资能收到应有的回报。

由此可见，银行职员在工作岗位上穿职业工装是目前各银行的普遍做法。出于岗位的特殊性，为了使银行职员在工作时时时提醒自己代表着银行，所作所为必须与这种职业装身份相符，也是为了尊重银行客户的需要，同时让银行职员在工作岗位上有一种自豪感和责任感，着职业装上岗显得尤为必要。

**1. 男性银行职员职业装穿着基本要求**

男性银行职员所穿职业工装应当保持整洁、平整，不要一件工装穿一年，一年只洗两三回。

在一线工作，或者在拜访客户时银行职员应穿正装，系领带，偶尔允许穿短袖或T恤衫，但颜色和款式都应当以庄重、严谨为主，切忌花哨、前卫。

**2. 男性银行职员职业西装的着装规范**

西装是目前世界各地最常见、最标准的男女通用职业服饰之一，其最大特点是能使穿着者显得稳重而高雅，自然而洒脱。穿着西装时，应遵循一定之规，方能突显出这一职业正装的特点和意义。

（1）合适的衬衫

衬衫的颜色和款式现在有很多，但银行职员要依行业要求来进行正确选择。在颜色上应选择如白色、咖啡色等庄重的色彩。在款式上，如衬衫的衣领有宽窄之分，脖子长的适合选择宽领，脖子短的适合选择窄领。

穿着时，衬衫下摆要扎进西裤里。与西装搭配时，衬衫领口要扣起，袖口不能挽起。单穿衬衫时，则衬衫领口可以敞开一粒扣。

（2）拆除商标

买来的西装穿着前一定要剪除商标。现在很多西装厂商把商标做成一个细扣式的镀钢质或银质的标志放在西装上衣左侧领口的扣眼里，这也是要取下来的。此外一些裸露在外的线头也要剪掉。

（3）正确系好西装的纽扣

西装纽扣主要起装饰作用，因而在一些非正式场合可以不扣，以显得洒脱自然，但在一些正式或半正式的场合，还是要扣上。对于单排两粒扣的西装，则扣上上面那一粒，下面的一粒不扣。而三粒扣的西装，则可以自上而下扣两粒，也可以只扣中间的一粒，总之不能三粒全扣上。

在一些正式场合坐下时，西装的扣子可以全部解开以防止西装走样，而站起来时则扣上以示郑重。

（4）职业装口袋慎放东西

不得随意在上衣内袋放置体积过大的东西，以免看上去鼓鼓囊囊的，而上衣左上方的外袋更不能插放钢笔等物品。职业西装的裤子两侧口袋更应慎放东西，建议除少量的纸巾等轻巧的物品外，一律不要放过重或体积大的东西。

**3. 男性银行职员职业穿着的其他注意事项**

与职业西装配套穿着的还有皮带、皮鞋、袜子、领带等，银行职员也要注意它们的着装规范。

（1）男性职业装与皮带的搭配

皮带的颜色要求以深色为主，皮带的宽度只能介于 2 ～ 3 厘米之间。在正式场合，男性银行职员所系皮带上不能悬挂任何物品。

皮带的长度以系到舒适部位时，穿过带扣所露出的皮带头长度距离皮带扣最长不得超过 12 厘米，最短也不能短于 10 厘米为宜。

（2）男性职业装与鞋袜的搭配

银行员工应穿黑色或者咖啡色的深色系皮鞋。如果在较休闲的场合，可以穿着与裤子能搭配在一起的休闲鞋，不能在穿职业西装时搭配布鞋或运动鞋等。

（3）穿皮鞋时，要选择深色袜子，不可以穿黑皮鞋搭配白色袜子，或者肉色袜子，更不可以光脚穿皮鞋。所穿袜子的袜口不应过短，长短以坐下来看不到小腿肚的汗毛为宜。要保持袜子的整洁，要勤洗常换，尤其是在脚易出汗的夏季更应当注意。

（4）领带与职业装的搭配

由于银行职业的特殊性，工作时所系领带的选择也较为有限，多以稳重而严肃的深色条纹领带为主。系上领带后，以领带的倒三角形即末端正好搭在所系皮带的带扣中间位置为最规范。

领带夹与领带一起使用时，最好夹在从衬衣领口纽扣自上而下数第四颗纽扣处。建议已婚职员佩戴领带夹，未婚人士不提倡佩戴领带夹。

（5）选择大小合适的职业装

男性银行职员在穿着职业装时，要注意所穿职业西装的大小是否合适。男性员工判断西装大小是否合适，可以在穿上西装后，系上纽扣，把右手水平而自然地伸开，这时候如果看到西装的袖口短于衬衣袖口 1 ~ 2 厘米，则说明西装的大小是合适的，反之则不合适。

选择衬衣时，则要看衬衣在系好领口第一颗纽扣时，食指和中指并拢能自然插入，则衬衣是合适的，否则是不合适的。

西裤的大小主要看腰部大小和裤子的长短。判断西裤腰部大小时可以将前面两粒扣子扣好，拉上拉链后伸出一只手，五指并拢，看手掌能否顺畅插入，如可以则大小合适，否则就是不合适的。而西裤的长短，则以裤子穿好以后站直时裤脚裤沿正好接触脚背为最标准。

**4. 女性银行职员职业装穿着基本要求**

一套合适的职业装不但可以增强女性银行职员工作的主动性和自信心，还有利于其全身心地投入到工作状态中。工作中的着装可以反映着装者的态度，如是否敬业和认真等。

银行女职员所穿职业装的布料要选择柔软而挺拔的料子，最好能配发不同季节的职业装。

（1）西装套裙（裤）的穿法

西装套裙是由男士西装演化而来的。西装套裙不但给人以严谨、传统的庄重感，还能很好地体现出女性柔美的性别特征。穿着套裙时，应从以下方面做起。

①套裙（裤）

扣子的系法。女员工西装上衣的扣子要全部系上。同时，还要将裙子的拉链拉好。

兜的使用。女员工可以将物品放置于裤子侧面的两个兜中，但不要放置过重、过多的物品。

衣服的长度。女员工上衣的长度，应以将一只手臂举至最高处时，不露出自己的裙腰或裤腰为宜。女员工裙子的长度不要短于膝盖以上 3 厘米。女员工的裤长应以身体直立时裤角前面处于鞋面中央为宜。

②衬衫

夏季穿衬衫时，直摆的衬衫要将下摆放置于裤腰或裙腰内，回摆的衬衫可以将下摆放置于外面。着西装时，应将衬衫的下摆放于裤腰或裙腰内。银行配发的衬衫多为浅色，因此穿着时应选择浅色及尺寸比较合适的内衣。

③丝巾

在银行工作中，女员工佩戴丝巾和男员工佩戴领带的作用是一致的。丝巾的打法有多种，下面分享其中的一种。

将丝巾多次对折，使其形成长条状。

将折好的丝巾折扣向下，搭放在脖颈上，并让左侧长于右侧。

将丝巾左侧一端在上，右侧一端在下交叉后，由下向上穿过环节。

将丝巾由后向前绕过环节，并再次穿过环节。

丝巾打好后，要使丝巾的结与右侧耳朵保持垂直，并在工作过程中保持丝巾结的位置。

④丝袜

穿西服套裙时，要着肉色连裤丝袜。当丝袜出现破损时要及时更换，所以女员工在上班时，要随身携带一双丝袜。穿西服裤装时，可以选择矮腰的肉色丝袜，袜腰高度以落座后不露出腿部皮肤为准。

⑤皮鞋

船鞋是女员工最好的选择。鞋子的颜色为黑色，质地为皮质，但不要选择翻毛和漆皮鞋子。鞋跟以不低于 3 厘米为宜，但也不宜过高。鞋面要简洁，没有其他装饰会更好。

（2）配饰

我们将女士的胸牌、眼镜、手表、首饰等统称为配饰。

①胸牌

胸牌要佩戴于西装上衣或衬衫的左胸，其高度为由肩缝垂直向下的 15 厘米处。胸牌左右位置的确定，可以根据上衣衣领的宽度，选择比较合适的位置，前提是员工间要保持一致，还要使胸牌与地面保持水平。

②眼镜

女员工眼镜的选择款式要简洁大方，镜框不要过于宽大，不要配戴有色眼镜。

③手表

要选择金属或皮质表带的机械或石英表，表带以黑色、银色为宜。

④首饰

多数银行允许女员工佩戴两款首饰。比如：当佩戴了一副耳钉后，还可以佩戴一枚戒指。

首饰要选择简洁大方的款式，不要选择过大的、比较复杂的、过于夸张的款式。比如，在工作中，不要选择垂型的耳饰，因为这种款式的耳饰在工作中会不停地摇摆。还要注意首饰相互间质地、色彩、款式的一致性。

**5. 银行职员职业装穿着禁忌**

（1）忌残破

职业装该洗就洗，该换就换，该淘汰就淘汰，不能穿有破损的衣服。

（2）忌杂乱

忌杂乱具体包括两方面：一方面，单位要求你穿就得穿，不能发了制服，一半人穿，一半人不穿；另一方面，穿的时候要按服装自身的搭配规则穿，比如穿西装的时候应该穿皮鞋，女孩子穿露趾凉鞋时不能穿袜子等。

（3）忌鲜艳

从视觉的角度来讲，职业工装应该统一颜色，不能太鲜艳。一般要遵守三色原则，也就是说颜色不能超过三种。

（4）忌暴露

职业装在款式上要既利于工作，也要时尚、新颖，但不能过于暴露。不能穿露脐装、露背装、低胸装、露肩装。职业装要四不露，即不露胸、不露肩、不露腰、不露背。

（5）忌透视

忌透视，就是要求内衣、外衣的色彩要协调。否则内衣是什么款式，什么颜色都一目了然了。此外，也不能穿透明的衣服当外套。

（6）忌紧身

紧身衣很容易走光，如扣子绷了、开线了等。工作时，要展示的是爱岗敬业的精神，训练有素的态度，而不是优美的线条。

**6. 关注职业装穿着细节**

除了要注意前面所提到的职业装穿着要求外，银行员工还要关注着装的相关细节。如女性员工在穿职业西装套裙时，双脚要穿长筒袜。穿裙装时千万不可穿短袜，且长袜的颜色也要因人而异。如果你看起来较为丰满，那就选择深色的长袜，如深咖啡等（深色为收缩色）。那样会让你看起来较为苗条。如果你看起来较苗条，则建议选择浅颜色的长袜，如肉色等（浅色为扩张色），那样会让你看起来较为丰满。

女性银行员工在工作时穿着工装应慎穿凉鞋，而应当穿女式皮鞋。最好在穿裙装时，鞋子的鞋帮要包裹住脚背的前半部，这样整体看起来就典雅而不失庄重。

## 修炼箴言 BOOK OF PROVERBS

**当你走进一间银行时，西装革履、举止庄重的男员工迎面走来，欢迎您的光临；身着套裙、漂亮大方的女员工热情为您提供银行服务，这一定会给您留下一个良好的第一印象。**

# 传情达意，展示最优美的表情

面部是人体表情最丰富的部分，它表达人们内心的思想感情，表现人的喜、怒、哀、乐，对人们所说的话起着解释、澄清、纠正或强调的作用。表情在人与人之间的感情沟通上占有相当重要的地位。健康的表情留给人们的印象是深刻的，它是优雅风度的重要组成部分。

**1．眼神**

心理学家认为：最能准确表达人的感情和内心活动的是眼睛和眼神。通过眼睛和眼神完全可以来决定对他人的第一印象，眼神反映着他的性格和内心动向。

眼神是一种深情、含蓄的无声语言，往往可以表达有声语言难以表现的意义和情感。人的眼睛时刻在“说话”，时刻道出内心的秘密。如交谈时注视对方，则意味着对其重视；走路时双目直视、旁若无人，则表示高傲；频频左顾右盼则表示心中有事；对来访者只招呼而不看对方则表明工作忙而不愿接待等等。

银行职员的眼神应该是坦然、和善、热情、乐观的，不应该是冷漠、傲慢、讥讽、紧张的。坦然、和善、热情、乐观的眼神来自内心，当对他人的友好发自内心时，才会有和善的眼神。

交际时，目光接触是常见的沟通方式，但眼神却会表示不同的含义。如相互正视片刻表示坦诚；瞪眼相视表示敌意；斜着扫一眼表示鄙视；正视、逼视则表示命令；不住地上下打量表示挑衅；白眼表示反感；眼睛眨个不停表示疑问；双目大睁表示吃惊；眯着眼看既可表示高兴，也可表示轻视；左顾右盼、低眉偷觑表示困窘；行注目礼表示尊敬等等。

眼神是面部表情的核心，是心灵的窗口，能够最明显、最自然、最准确地显示一个人的心理活动。在交际中，要注意注视对方的时间、位置和讲究眼神的礼仪规范。

（1）注视的时间

注视对方时间的长短是十分有讲究的。与他人交谈时，不可长时间地注视对方。一般情况下，眼睛保持有 50%的时间注视对方，另外 50%的时间注视对方脸部以外的 5-10 厘米处。对东方人也可只用 1/3 时间注视对方，自始至终地注视对方是不礼貌的。在社交场合，无意与别人的目光相遇时不要马上移开，应自然对视 1-2 秒，然后慢慢离开对方。与异性目光对视时，不可超过 2 秒，否则将引起对方无端的猜测。必须根据所观看的对象和场合把握好注视的时间。具体可分为以下几种情况：

表示友好。应不时地向着对方，注视对方。注视对方的时间约占全部相处时间的 1/3 左右。

表示重视。向对方表示关注，应常常把目光投向对方那里，注视对方的时间约占全部相处时间的 2/3。

表示感兴趣。目光始终盯在对方身上，偶尔离开一下，注视对方的时间在全部相处时间的 2/3 以上，同样也可以表示对对方较感兴趣。

（2）注视的角度

注视别人时，目光的角度，即目光从眼睛里发出的方向，表示与交往对象的亲疏远近。

平视。也叫正视，即视线呈水平状态。常用在普通场合与身份、地位平等的人进行交往时。

侧视。是一种平视的特殊情况，即位于交往对象的一侧，面向并平视着对方。侧视的关键在于面向对方，若斜视对方，即为失礼之举。

仰视。即主动居于低处，抬眼向上注视他人，以表示尊重、敬畏对方。

俯视。即向下注视他人，可表示对晚辈宽容、怜爱，也可表示对他人轻慢、歧视。

（3）注视的部位

用目光注视对方，应自然、稳重、柔和，而不能死盯住对方某部位，或不停地在对方身上上下打量，这是极失礼的表现。注视对方什么位置，要依据传达什么信息、造成什么气氛而异。要依据不同场合、不同对象而选择具体目光所及之处和注视的区间。人们在普通的社交场合采用的注视区间是社交注视区间，这一区间的范围是以两眼为上，以下颌额为顶点所连接成的倒三角区域。由于注视这一区域最容易形成平等感，营造良好的社交氛围，人们常在一般社交场合运用。注视谈话者这一区域，能让谈话者轻松、自然，能比较自由地把他们的观点、见解发表出来。

双眼。注视对方双眼，表示自己重视对方，但时间不要太久。

额头。注视对方额头，表示严肃、认真，公事公办。

眼部—唇部。注视这一区域，表示礼貌，尊重对方。

任意部位。对他人身上的某一部位随意一瞥，多用于在公共场合注视陌生人，银行职员最好慎用。

银行职员在与客户的交流中，如果始终注视着对方，会给其带来紧张的感觉，而选择散点柔视的注视方法会使对方感到很舒适。

散点柔视指的是在与对方交流的过程中，要适时地将自己的目光转移，可以转移到桌面上，手中的物品上。但是，移开的时间不要过长。

另外，在为客户办理业务的过程中，如果出现短暂的交流，要争取做到将目光转向对方。比如：大堂经理在与客户交流的过程中，经常会出现其他客户插话的情况，此时，大堂经理应答插话客户的问题时，要将目光转移到这位客户的面部。

又比如：柜面人员在办理业务的过程中，会经常发出“请输入您的密码”等信息，此时，也应将目光转向客户，而不应看着其他地方。

当与多人交流时，要用目光环视全场所有的人，以避免使部分人产生被冷落的感觉。比如：当大堂经理为多名客户解答问题时，要有意识地环视在场的所有客户。

当客户业务办理完毕，柜面人员在送客时，目光不要突然移开，可以在客户转身或是注视客户 2 秒左右后再将目光移开。

在某些服务场合，客户说错话或者无意中做出了不雅行为时，有时也会显得很拘束。遇到这种情况，银行员工应当及时自然地回避目光。

迎客时，银行员工应该在 3 米之内目光真诚地注视对方，以示期盼。送客时，目光向下，以示谦虚。会谈时，目光平视，表示自信、平等、友好。倾听时，目光专注，适时回应、交流。

**2. 表情**

银行员工在工作中使用的表情大致有三种：温馨柔和的中国传统意义的笑容、灿烂美好的露出牙齿的笑容、严肃认真的表达专注的表情。

（1）常用表情

温馨柔和的表情。温馨柔和表情，其特征是不露出牙齿。这种表情就像其名称一样，会给客户带来温馨柔和的美感。

灿烂美好的表情。灿烂美好的表情，其特征是根据自己的脸型、嘴巴的大小露出 6—8 颗牙齿。这种表情可以使我们更快地与客户拉近距离。

严肃认真的表情。严肃认真的表情，其特征是眼神及面部表情比较凝重。

当客户遇到尴尬的事情以及困难时，选择严肃认真的表情，将给对方带来感同身受的感觉。

（2）表情的运用

柜面人员表情的运用。基于柜面人员严谨细致的工作的特殊性，通常情况下，接待每位客户要有两三次笑容交流。

首先，迎接客户到来是一个重要环节，应面带笑容。

第二，送别客户也是一个重要环节，应面带笑容，还可以根据客户办理业务时的情绪，以及所面对的问题适时地露出笑容。

第三，当客户心情不好或是遇到困难时，要选择严肃认真的表情。

大堂经理表情的运用。大堂经理应面带笑容迎送每一位客户。大堂经理在与客户交流的过程，应根据客户的情绪、所面对的问题等选择恰当的表情。

## 修炼箴言

BOOK OF PROVERBS

**柔和的眼神、得体的表情，在银行职员与客户交流时，都是非常关键的加分项。在工作中，能力虽然很重要，但能够运用表情来向客户传情达意，也是银行职员必须掌握的一项能力。**

# 第六章

## 仪态打造

## 举手投足中的学问

仪态是指在与客户的交往中，自己身体各部位所呈现出的姿态。比如站立姿态、行走姿态、手势姿态等。银行职员应该通过规范的仪态表达自己对客户的良好态度，进而得到客户的支持与认同。

## 站姿，站出谦恭的姿态

一个银行职员的礼仪修养如何，别人可以从他的举止中察觉出来。最容易表现姿势特征的是人处于站立时的姿势。

汪明是某银行的一名大堂经理。刚来银行上班时，因为外在形象好，有一定的口头表达能力，汪明对自己信心十足。工作第一天，在和其他新来的职员站在一起集队时，他尽量保持一种优越的姿态，一只手插在裤袋里，双脚叉开，一只脚随意乱动，眼睛四处扫视。结果，工作的第一天汪明就在大庭广众之下受到部门经理的严厉批评。

在中华民族的礼仪要求中，“站有站相”、“站如松”，是对一个人礼仪修养的基本要求，其意思是站要像松树一样挺拔，同时还须注意站姿的优美和典雅。由于性别的不同，男女站姿的美感是不同的：女性应是亭亭玉立，文静优雅；男性应是刚劲挺拔，气宇轩昂。

### 1. 银行职员的站姿

银行职员站姿的要领包括以下几方面。

将面部朝向正前方，下颌稍内收，目光平视，颈部挺直，面部肌肉放松。

两肩向后展开，不得耸肩，保持放松。

两臂自然下垂，双手中指分别放于裤缝或裙缝处，手指自然弯曲。

收腹。做深呼吸，使腹部肌肉紧张起来。再轻轻将气体呼出，但是腹部肌肉不要松懈。

立腰。通过参加体检度量身高时的感觉，来完成立腰的动作。

提臀。由于遗传的原因，多数中国人腰长，臀部有些下垂。但是可以通过自我训练来延缓臀部由于地球引力、衰老、遗传等因素而下坠的趋势。这就要常常提醒自己“将臀部收紧”。

双腿直立，将双腿膝盖及脚后跟并拢，脚尖打开成“V”字形（打开的角度以能容下自己的一个拳头为宜）。

按照以上要领站好后，从侧面看，头部、肩部、上体与下肢应该在一条垂线上。从正面看，应该是头正、肩平、收腹、身体直立。这样站立会给客户带来挺拔、稳重

在工作场合，银行职员可以根据自身条件选择以下站姿。

（1）外交官式站姿

这是银行职员在接待客户等情况下使用的站姿。双腿微微分开，挺胸抬头，收腹立腰，双臂自然下垂，下颌微收，双目平视。

（2）服务员式站姿

这是银行职员为客户服务时使用的站姿。挺胸直立，平视前方，双腿适度并拢，双手在腹前交叉，男性左手握住右手腕部，女性右手握住左手的手指部分，双腿均匀用力。

（3）双手背后式

这种站式是男性员工的另一种服务员式站姿。挺胸收腹，两手在身后交叉，右手搭在左手腕部，两手心向上收。

（4）体前单屈臂式

这种站式是较为自然的一种日常站立姿势。挺胸收腹，左手臂自然下垂，右臂肘关节屈，右前臂至中腹部，右手心向里，手指自然弯曲。

作为银行职员，由于男女性别的差异，站姿的美也有一定的差异性，主要表现在其手位与脚位有时会存在一些不同。

男性员工在工作中站立时，要注意表现出男性刚健、潇洒、英武、强壮的风采，力求给人以一种“壮”的优美感。

女性员工在工作中站立时，则要注意表现出女性轻盈、妩媚、娴静、典雅的韵味，要努力给人以一种“静”的优美感。因此，女性员工在工作中站立时一般将双手相握或右手在前、左手在后，两手相叠放于腹前，双脚可呈“小八”字或“丁”字式站姿。

站姿也可以随着时间、地点、身份的不同而变化，但须遵循自然大方、端庄得体的原则，并适合自身的特点。站立太累时，可变换姿势，将身体重心移到左脚或右脚上。

**2. 银行职员应避免的不良站姿**

不良的站姿，是指银行职员在工作岗位上不应出现的站立姿势。不雅的姿态，让人觉得缺乏敬意，从而影响本人形象和银行形象，使交流沟通受阻、工作服务质量下降，应加以克服。应避免的不良站姿主要有以下八种。

（1）身躯歪斜

银行职员在站立时，若是身躯出现明显的歪斜，如头偏、肩斜、身歪、腿曲或是膝部不直，不但会看上去东倒西歪，直接破坏人体的线条美，而且还会令人觉得颓废消沉、萎靡不振、自由放纵。

（2）弯腰驼背

这是一个人身躯歪斜时的一种特殊表现。主要表现为腰部弯曲、背部弓起、颈部弯缩、胸部凹陷、腹部挺出、臀部撅起等不良体态。显得缺乏锻炼、健康不佳、无精打采，对个人形象损害很大。

（3）趴伏倚靠

银行职员在工作岗位上，要“站有站相”，切不能在站立时随随便便地趴在一个地方，伏在某处左顾右盼，倚着墙壁而立，靠在桌柜边上，或者前趴而后靠，显得自由散漫，随便偷懒。

（4）双腿大开

无论是采取什么站姿，银行职员均应掌握自己双腿在站立时分开的幅度。一般情况下应尽可能双腿并拢，尤其是女性员工在着裙装服务时需注意，否则有不雅之感。而男士即使是将双腿分开，也要注意其分开距离不要宽于本人的肩宽。

（5）脚位不当

银行职员在工作岗位上站立时，通常双脚呈现出“V”字式、“丁”字式、平行式等脚位，但不允许出现“人”字式、蹬踏式等脚位。所谓“人”字式脚位，指的是站立时两脚脚尖靠在一处，而脚后跟之间却大幅度地分开来，有时，这一脚位又叫“内八字”；所谓蹬踏式，则是指站立时为图舒服，而在一只脚放在地上的同时，将另外一只脚踩在鞋帮上、踏在椅面上、蹬在窗台上或跨在桌面上。

（6）手位不当

在站立时，与脚位不当一样，银行职员的手位如果不当，同样也会破坏站姿的整体效果，应引起重视。不当的手位在站立时主要有：①将手放在衣服的口袋内；②将双手抱在胸前；③将两手抱在脑后；④将双肘支于某处；⑤将两手托住下巴；⑥手持私人物品。

（7）半坐半立

在工作岗位上，工作人员必须严守自己的岗位规范，该站就站，该坐就坐，绝对不允许为贪图安逸，而擅自采取半坐半立的不雅之姿。

（8）浑身乱动

银行职员站立时，允许略作体位的合理变动。但站立是一种相对静止的体态，不宜在站立时频繁地变动体位，禁止浑身上下乱动不止或手臂挥来挥去，身躯扭来扭去，腿脚抖来抖去，从而有失稳重之感。

**3. 矫正不良站姿的途径与方法**

仪态都是人们在成长过程和生活环境中长期形成的，具有习惯性的特点，而且一旦形成就很难改变，重视和培养良好的仪态非常重要。而仪态的基础是站姿，良好的站姿可以使自己的仪态举止更为优雅。银行职员应该通过科学、积极和循序渐进的方式，加强良好仪态的有效训练，方法有：

（1）采用靠墙站立和两人一组的练习方式，进行站立动作的持久性和稳定性练习。

靠墙站立练习的具体操作要求和练习方法：脚跟、小腿、臀部、双肩和后脑勺都紧贴墙面，每次坚持 15-20 分钟，练习站立动作的稳定性和持久性。

两人一组站立的具体操作要求和练习方法：背靠背，以双方的臀部、肩背和后脑勺为接触点，每次坚持 15-20 分钟，练习站立动作的稳定性和持久性。

（2）面对训练镜的练习是站姿的综合性训练，要求在正确站姿的基础上，结合脸部表情练习（重点是微笑），通过训练镜完善整体站姿的形象。在练习过程中，要注意肌肉张弛的协调性，强调动作的挺胸立腰，呼吸自然均衡，面带微笑。同时注意站立时要以标准站姿的形体感觉为基础，进行整体规范的动作训练。银行职员应注意将正确的站姿体现在每个人的生活、工作中，融入自身的日常行为举止中，养成良好的习惯。只有将正确的动作与自然的体态结合，才能将站姿运用自如、分寸得当，使人感到既有教养又不造作的良好风度。

## 修炼箴言

BOOK OF PROVERBS

**或刚劲挺拔、气宇轩昂，或亭亭玉立、文静优雅。站姿是一个人情趣、品格、性格和工作状态、职业形象的直观反映，银行职员必须予以重视。**

## 坐姿，以客户感觉舒服为标准

坐姿所反映出的仪态信息也非常丰富。端庄优美的坐姿，会给人以文雅、稳重、自然大方的美感。坐姿是指人在就座后身体所保持的一种姿势，讲究“坐有坐相”。坐姿文雅优美，并非一项简易的技能。对坐姿要做到“坐如钟”，即坐有坐相，要像钟那样端正，因为正确的坐姿是仪态的主要内容之一。

**1. 银行职员的入座**

入座，又叫就座或落座。它指的是人们坐到座位上去的行动。银行职员在入座时的基本要求有：

（1）在他人之后入座。出于礼貌，与他人一起入座，或与对方同时入座。对方是自己的客户时，一定要先请对方入座，切勿抢先入座。

（2）在适当之处就座。在大庭广众之处就座时，一定要坐在椅、凳等常规的位置。要是坐在桌子、窗台或地板上，往往是失礼的。

（3）在合“礼”之处就座。与客户同时就座时，应当注意座位的尊卑，并且主动将上座相让于客户。

（4）从座位左侧就座。条件允许，在就座时最好从座椅的左侧接近它。这样既易于就座，也是一种礼貌。

（5）悄无声息地就座。就座时，要减慢速度，放松动作，尽量不要坐得座椅乱响，噪音扰人。

（6）以背部接近座椅。在客户面前就座，最好背对着自己的座椅，这样就不至于背对着对方。得体的做法是：先侧身走近座椅，背对它，右腿后退一点，以小腿确认一下座椅的位置，然后随势坐下。必要时，可以一只手扶座椅的把手。

（7）坐下后调整体位。为使自己坐得舒适，可在坐下之后调整一下体位或整理一下衣服。但要注意这一动作不可与就座同时进行。

**2. 银行职员的离座**

（1）先有表示。离开座椅时，身旁如有客户在座，须以语言或动作向其先示意，随后方可站起身来。如果突然而起，会令人受到惊扰。

（2）注意先后。与客户同时离座，须注意起身的先后次序。银行职员应稍后离座。

（3）起身缓慢。起身离座时，最好动作轻缓，无声无息，尤其要避免“拖泥带水”，弄响座椅，或将椅垫、椅罩弄得掉在地上。

（4）站好再走。离开座椅后，先要采用“基本的站姿”，站定之后，方可离去。要是起身便走，或是离座与走开同时进行，则会显得自己过于匆忙。

（5）从左离开。有可能时，站起身后，宜从左侧离去。与“左入”一样，“左出”也是一种礼节。

3. 银行职员就座时下肢的体位要求

坐好之后下肢的体位主要由双腿与双脚所处的不同位置所决定。

（1）正襟危坐式时，上身与大腿、大腿与小腿间，都应当形成直角，小腿垂直于地面，双膝、双脚包括两脚的跟部，都要完全并拢。

（2）垂腿开膝式时，上身与大腿、大腿与小腿皆为直角，小腿垂直于地面。双膝允许分开，但不得超过肩宽。

（3）双腿叠放式时，将双腿完全地一上一下交叠在一起，交叠后的两腿之间没有任何缝隙，犹如一条直线；双脚斜放于左或右一侧，斜放后的腿部与地面呈 45 度，叠放在上的脚的脚尖垂向地面。

（4）双腿斜放式时，双腿首先并拢，然后双脚向左或向右侧斜放，力求使斜放后的腿部与地面呈 45 度。

（5）双脚交叉式时，双膝先要并拢，然后双脚在踝部交叉。需要注意的是，交叉后的双脚可以内收，也可以斜放，但不宜向前方远远地直伸出去。

（6）双脚内收式时，两条大腿首先并拢，双膝可以略微打开，两条小腿可稍许分开，双脚脚掌着地。

（7）前伸后曲式时，大腿并紧之后，向前伸出一条腿，并将另一条腿屈后，两脚脚掌着地，双脚前后要保持在一条直线上。

（8）大腿叠放式时，两条腿在大腿部分叠放在一起。叠放之后位于下方的一条腿的小腿垂直于地面，脚掌着地；位于上方的另一条腿的小腿则向内收，同时宜脚尖向下。

4. 银行职员就座时上身的体位要求

就坐姿而论，除了下肢的体位之外，上身的体位，即坐好之后，头部、躯干与上肢的具体位置，也极其重要。入座时应该注意以下几点。

（1）注意头部位置的端正。不要在客户面前就座时出现仰头、低头、歪头、扭头等情况。坐定之后的标准姿势是应当头部抬直，双目平视，下颌内收。整个头部看上去，应当如同一条直线一样，与地面相垂直。出于实际需要，在办公时允许低头俯看桌上的文件、物品，但在回答他人问题时，则务必要抬起头来，不然就带有爱答不理的意思。在与人交谈时，可以面向正前方，或者面部侧向对方，但不准将后脑勺对着对方。

（2）注意躯干位置的直立。坐好之后，身体的躯干部位也要注意要端端正正。需要注意的地方有：①椅背的倚靠。倚靠主要用以休息，所以因工作需要而就座时，通常不应当将上身完全倚靠着座椅的背部，可能的话，最好一点也别靠着椅背。②椅面的占用。既然不宜经常倚靠椅背，那么就同时存在着椅面的占用问题。在客户面前，一般不宜坐满椅面，从礼仪的角度是只坐３／４左右最为适当的。③身子的朝向。与客户交谈时，为表示对其重视，不仅应面向对方，同时应将整个上身朝向对方。不过一定要注意，侧身而坐时，躯干不要歪扭倾斜。④基本的轮廓。在大庭广众下就座时，躯干的基本轮廓要力求美观宜人。最重要的是，躯干要挺直，胸部要挺起，腹部要内收，腰部与背部一定要直立。

（3）注意手臂位置的摆放。根据实际需要，银行职员在坐好后手臂摆放的正确位置主要有如下五种：①放在两条大腿上。具体办法有三：其一是双手各自扶在一条大腿上，其二是双手叠放后放在两条大腿上，其三是双手相握后放在两条大腿上。要强调的是，将手放在小腿上，是不可以的。②放在一条大腿上。侧身与人交谈时，通常宜将双手置于自己所侧一方的那条大腿上。具体方法有二：其一是双手叠放；其二则是双手相握。③放在皮包文件上。当穿短裙的女士面对男士而坐，而身前没有屏障时，为避免“走光”，一般可将自己随身携带的皮包或文件放在并拢的大腿上；随后，即可将双手扶、叠或握后置于其上。④放在身前桌子上。将双手平扶在桌子边沿，或是双手相握置于桌上，都是可行的。有时，亦可将双手叠放在桌上。⑤放在身旁扶手上。坐定后，将手摆放于座椅的扶手之上。正确的方法是：正身而坐时，宜将双手分扶在两侧扶手上。侧身而坐时，则应当将双手叠放或相握后，置于侧身一侧的扶手上。

**5. 银行职员应避免的不良坐姿**

落座时，银行职员一定要遵守律己敬人的基本规定，应避免以下几种不良坐姿。

（1）双腿叉开过大。面对客户时，双腿如果叉开过大，不论是大腿叉开还是小腿叉开，都极其不雅。

（2）架腿方式欠妥。坐后将双腿架在一起，不是说绝对不可以，但正确的方式，应当主要是两条大腿相架，并且一定要使两者并拢。如果将一条小腿架在另一条大腿上，两者之间还留出大大的空隙，成为所谓的“架二郎腿”，就显得过于放肆了。

（3）双腿直伸出去。坐下后，不宜将双腿直挺挺地伸向前方，那样做不仅有可能会有碍于人，而且也有碍观瞻。身前若有桌子，双腿尽量不要伸到外面来。

（4）将腿放上桌椅。有人坐定后为图舒服，喜欢将双腿或单腿置于高处，有时甚至还会将其抬到身前的桌子或椅子上。银行职员在工作岗位上要是这样做了，会给人留下极为不佳的印象。把一条腿或双腿盘上本人所坐的座椅上，亦为不当。

（5）腿部抖动摇晃。坐在别人面前，反反复复地抖动或摇晃自己的腿部，不仅会令他人心烦意乱，而且也会给人以极不安稳的印象。

（6）脚尖指向他人。不管具体采用哪一种坐姿，都不宜以本人的脚尖指向别人，因为这一做法是非常失礼的。

（7）仅脚跟接触地面。坐下后如以脚部触地，通常不允许仅以脚跟接触地面，而将脚尖翘起。双脚都这么做时，则更算是一种严重的违规。

（8）以脚蹬踏他物。坐下来之后，脚部一般都要放在地上，要是用脚在别处乱蹬乱踩，甚至将其蹬踩于高处，通常是不合适的。

（9）以脚自脱鞋袜。脱鞋脱袜，属于个人隐私和“卧房动作”，绝对不宜当众表演。在别人面前就座时以脚自脱鞋袜，显然也是不文明的。

（10）以手触摸脚部。就座以后用手抚摸小腿或脚部，都是极不卫生的，有此不良之习者，务必要自觉克服。

（11）手部置于桌下。就座后，双手应放在身前，有桌时置于桌上，单手或双手放于桌下，都是不允许的。

（12）肘部支于桌上。用双肘支在面前的桌子上，对于同座之人是不够礼貌的做法。

（13）双手抱在腿上。双手抱腿，本是一种惬意、放松的休息姿势，但是在工作之中不可取。

（14）将手夹在腿间。个别人坐下来之后往往将双手夹在两腿之间，这一动作会令其显得胆怯或害羞。

（15）上身向前趴伏。坐后上身趴伏在桌椅上或本人大腿上，都仅能用于休息，而不宜在工作场所中出现。

（16）头部靠于椅背。以头靠在椅背，自然是为了稍事休息，但在工作岗位上，是不可以这么做的。

## 修炼箴言

BOOK OF PROVERBS

**坐作为一种举止，也是一种静态造型，同样有美与丑，优雅与粗俗之分，而良好的坐姿给人以庄重安详的印象。**

# 走姿，步幅适当，注意步态

走姿也叫步态，是指一个人在行走过程中的姿势，它以人的站姿为基础，始终处于运动中。银行职员在工作中如何正确地使用标准走姿，是给人留下美好印象的关键之一。因此学习规范的走姿是很有必要的。

**1. 银行职员的走姿**

银行职员在行走时，上身基本保持站立的标准姿势：挺胸收腹、腰背笔直、面带微笑，双臂以肩关节为轴，前后自然摆动，肘关节略弯曲，手掌朝向体内，手指自然弯曲，起步时身子稍向前倾，重心落前脚掌，膝盖伸直，脚尖向正前方伸出。女士行走时的线迹要成为“一条线”，而男士行走时的线迹要成为“两条平行线”。

作为银行职员，在掌握标准走姿的基础上，还须掌握陪同引导、上下楼梯、搀扶帮助、变向行走等不同场合的变化走姿。

（1）陪同引导

陪同，指的是陪伴着别人一同行进；引导，则是指在行进之中带领别人，有时又叫做引领、引路或带路。当银行职员在自己的工作岗位上陪同引导客户时，应注意以下四点：

①本人所处的方位。若双方并排行进时，本人应居于左侧；若双方前后行进时，银行职员应居于对方左前方约一米的位置。当客户不熟悉行进方向时，一般不应请其先行，同时也不应让其走在外侧。

②协调行进速度。在陪同引导客人时，本人行进的速度须与对方相协调，切勿我行我素，走得太快或太慢。

③及时关照提醒。陪同引导客人时，一定要处处以对方为中心。每当经过拐角、楼梯或道路坎坷、照明欠佳之处时，须关照提醒对方留意，切不可以不吭一声，而让对方茫然无知或不知所措而不便。

④采用正确的体位。陪同引导客人时，有必要采取一些特殊的体位。请对方开始行进时，应面向对方，稍许欠身；在行进中与对方交谈或答复其提问时，应以头部、上身转向对方。

（2）上下楼梯

上下楼梯时，银行职员应当遵守有关规定，特别注意以下三点：

①要减少在楼梯上的停留。楼梯是人来人往之处，所以不要停在楼梯上休息，站在楼梯上与人交谈或是在楼梯上慢慢悠悠地行进。

②要坚持“右上右下”原则。上下楼梯时，均不准并排行走，而应当自右侧而上，自右侧而下。这样一来，有急事的人，便可得以快速通过。

③要注意礼让客户。上下楼梯时，千万不要同服务对象抢行，出于礼貌，可请对方先行。当自己陪同引导客人时，则应上下楼梯时先行在前。

（3）变向行走

在行进之中，人们经常有必要变换自己的行进方向。所谓变向行走，指的是在行进之中变换自己的方向。银行职员所采用的变向行走，主要包括除常规前行之外的后退、侧行、前行转身、后退转身等。

①后退。扭头就走是失礼的，可采用先面向客户后退几步，方才转体离去的做法。具体做法通常是面向客户后退至少两三步，后退时步幅宜小，脚宜轻擦地面；转体时，应身先头后，若先转头或头与身同时转向，均为不妥。

②侧行。在行进时，有两种情况需要侧身而行：一是与同行者交谈或引导来宾之时。具体做法是，上身宜转向交谈对象，距对方较远一侧的肩部朝前，距对方较近一侧的肩部稍后，身体与对方身体之间保持一定距离。二是与他人狭路相逢时。此刻宜两肩一前一后，胸部转向对方，而不应背向对方，以示礼貌。

③前行转身。即在向前行进之中转身而行。它又分为两种：一是前行右转。在前行中向右转身，应以左脚掌为轴心，左脚落地时，向右转体 90 度，同时迈出右脚。二是前行左转。与前行右转相反，在前行中向左转身，应以右脚掌为轴心，在右脚落地时，向左转体 90 度，同时迈出左脚。

④后退转身。后退转身，即在后退之中转身而行。它分为三种：一是后退右转。先退行几步后，以左脚掌为轴心，向右转体 90 度，同时向右迈出右脚。二是后退左转。先退几步后，以右脚掌为轴心，向左转体 90 度，同时向左迈出左脚。三是后退后转。先退几步，以左脚为轴心，向右转体 180 度，然后迈出右脚，或是以右脚为轴心，向左转体 180 度，然后迈出左脚。

## 2. 银行职员走姿的注意事项

银行职员在工作场所行走时，应当特别重视以下几个环节。

（1）方向明确

在行走时，必须保持明确的行进方向，尽可能地使自己在一条直线之上行走。若做到此点，往往会给人以稳重感。具体的方法是，行走时应以脚尖正对着前方，形成一条虚拟的直线。每行进一步，脚跟都应当落在这一条直线上。

（2）步幅适度

步幅，又叫步度。它所指的是人们每走一步时，两脚之间的正常距离。银行职员在行进之时，最佳的步幅应为本人的一脚之长。即行进时所走的一步，应当与本人一只脚的长度相近。即男子每步间隔约 40 厘米，女子每步约 35 厘米。与此同时，步子的大小，还应当大体保持一致。

（3）速度均匀

人们行进时的具体速度，通常叫做步速。对银行职员而言，步速固然可以有所变化，但在某一特定的场合，一般应当使其保持相对稳定，较为均匀，而不宜使之过快或过慢，或者忽快忽慢，一时间变化过大。一般认为，在正常情况下，在每分钟走 60 ~ 100 步左右都是比较正常的。

（4）重心放准

在行进时，能否放准身体的重心极其重要。正确的做法应当是：起步时，身体须向前微倾，身体的重量要落在前脚掌上。在行进的整个过程中，应注意使自己身体的重心随着脚步的移动不断地向前过渡，而切勿让身体的重心停留在自己的后脚上。

（5）身体协调

人们在行进时，身体的各个部分之间必须进行完美的配合。在行进时要保持身体的和谐，就需要注意：走动时脚跟要首先着地，膝盖在脚部落地时应当伸直，腰部要成为重心移动的轴线，双臂要在身体两侧一前一后地自然摆动。

## 修炼箴言

BOOK OF PROVERBS

**银行职员在行走时，男士应显出阳刚之美，在工作场合给人以充满自信感及镇定自如的气度；而女士要显示出阴柔之美，步态轻盈的同时，注意体现稳健、自然、大方，要体现力度与弹性。**

## 手势，使用规范，当心禁忌

手是人体上最富灵性的器官。如果说眼睛是心灵的窗户，那么手就是心灵的触角，是人的第二双眼睛。

手势在服务工作中也起着重要作用。得体适度的手势，可增强感情的表达，起到锦上添花的作用。作为银行职员，手势的运用要给人一种庄重含蓄、彬彬有礼、优雅自如的感觉。

**1. 银行职员的常用手势**

（1）横摆式

在表示“请进”、“请”时常用横摆式。做法是五指并拢，手掌自然伸直，手心向上，肘微弯曲，腕低于肘。开始做手势应从腹部之前抬起，以肘为轴轻缓地向一旁摆出，到腰部并与身体正面成 45 度夹角时停止。头部和上身微向伸出手的一侧倾斜，另一手下垂或背在背后，目视宾客，面带微笑，表现出对宾客的尊重、欢迎。

（2）双臂横摆式

当客户较多时，表示“请”可以采用双臂横摆式。两臂从身体两侧向前上方抬起，两肘微曲，向两侧摆出。指向前进方向一侧的臂应抬高一些，伸直一些，另一手稍低一些，曲一些，也可以双臂向一个方向摆出。

（3）斜摆式

请客人落座时，手势应摆向座位的地方。手要先从身体的一侧抬起，抬起到腰部后，再向下摆，使大小臂成一斜线。

（4）直臂式

需要给客户指方向时，采用直臂式。直臂式要求五指并拢，掌伸直，曲肘从身前抬起，然后向需要指引的方向摆去，摆到肩的高度时停止，肘关节基本伸直。需要注意的是指引方向时不可用一个手指指出，显得不礼貌。

**2. 银行职员手势使用的注意事项**

（1）手势的使用要规范

在一定的社会背景下，每一个手势都有其约定俗成的动作和要求，不能乱加使用，以免产生误解，引起麻烦。如介绍某人或为客户引路指示方向时，应掌心向上，四指并拢，大拇指张开，一肘关节为轴，前臂自然上抬伸直。指示方向时，上体稍向前倾，面带微笑，自己的眼睛看着目标方向，并兼顾客户是否意会到目标。切忌用手指来指去，因为这样含有教训人的味道，是不礼貌的。又如在谈到自己时，可用右手掌轻按自己的左胸，那样会显得端庄、大方、可信。为他人“介绍”的手势、“递名片”的手势、“请”的手势等也是如此。

（2）手势的使用要适度

与客户交谈时，可随谈话的内容做一定的手势，这样有助于双方的沟通，但手势的动作幅度不宜过大，一般手势高不过耳际，低不及腰部，横向宽度不超过 80 厘米，更不要手舞足蹈，以免适得其反，显得粗俗无修养。同时，手势的使用也不宜过多，应有所节制，并非多多益善，如果使用太多，滥用手势，会让人产生反感。尤其是手势与语言、面部表情以及身体其他部位动作不协调时，会给人一种装腔作势的感觉。

（3）手势使用的禁忌

某些手势会令人极其反感，严重影响本人和银行的形象。银行职员应严格要求自己，加以避免和禁止，以塑造良好的职业形象。如，切忌当众搔头皮、掏耳朵、抠鼻孔、剔牙、咬指甲、剜眼屎、修指甲、揉衣角、搓泥垢，用手指在桌上乱画，等等。在为客户指路时，切忌伸直一根指头；在社交场合，不能用手指指点，与人说话不要打响指；在任何情况下，不要用拇指指着自己的鼻尖和用手指点他人；等等。

手势的运用要准确、规范、适度，才能给人一种优雅大方、彬彬有礼的感觉，才能真正体现出对他人的尊重和礼貌。

## 修炼箴言 BOOK OF PROVERBS

**手势美是一种动态美。其基本要求是：自然优雅，规范适度。适度是指手势不宜过多，幅度不宜过大。**

# 第七章

## 修炼礼仪

## 做彬彬有礼的银行员工

中华民族是一个非常讲究礼仪的民族，在人与人的交往中，能否做到彬彬有礼，直接关系到大家对你的印象与评价。在银行工作中，职员应该做到对客户恭敬有礼，让客户得到满意的服务体验。

# 致意礼仪，真诚的欢迎客户

当客户刚刚走进银行的大门时，如果能得到银行职员亲切的致意，心情一定会非常舒畅，这将为接下来的交流与沟通打下良好的基础。让我们先来了解致意礼有哪些类型。

**1. 微笑致意**

微笑本身就是一种致意的方式。在前面，我们曾将微笑作为一个比较重要的话题和大家进行了详细的交流，这里就不在赘述。

**2. 点头致意**

在工作中与客户进行交流时，在工作区域遇到同事时，都可以采取点头致意的方式表示问候与肯定。点头时要使自己的下颌接近上体，目光要凝视对方的面部，点头的速度要适中。

柜面人员、大堂经理以及客户经理等，在认同客户传递的信息时，在对客户的做法表达肯定时，要积极地用点头的方式进行应答或表示赏识。

**3. 举手致意**

在与客户及同事的距离比较远时，可以通过抬起右臂，四指并拢，拇指略张开，掌心向前，轻轻挥动两三次的方式和对方打招呼。需要注意的是，挥动的次数不要太多，速度不要过快。一般情况下，右手手指不要举过自己的头顶。

**4. 起身致意**

在客户到来或是离去时，银行职员如果是坐着的，表达重视的做法是起身致意。此外，还要做到待客户落座后，自己再落座。在客户离开时，要待对方起身后自己再起身。不然，容易给对方带来急于让其离开的感觉。当介绍者将自己介绍给他人时，也要起身致意。

**5. 欠身致意**

欠身致意的要领是，在标准站姿的基础上，以髋关节为轴将上体向前倾。通常情况下，前倾的幅度在 15 度到 30 度，并目视对方。不论是男员工还是女员工，在完成致意礼时都可以将双手搭放于腹部。

**6. 鞠躬致意**

在欠身致意的基础上，将自己的目光由目视他人转为目视地面，就完成了鞠躬致意礼。女员工在完成鞠躬致意礼时，要将双手搭放于腹部。男员工在完成鞠躬致意礼时，要将双手分别放于体侧。鞠躬致意礼的幅度有 15 度、30 度、45 度、60 度等。日常工作中，选择 30 度到 45 度鞠躬即可。比如：在银行每天的开门迎客环节中，夹道迎客的领导与员工均可以通过行 30 度到 45 度鞠躬礼的方式表达对客户的欢迎。

**7. 握手致意**

握手的要领是，在标准站姿的基础上，目视对方，面带微笑（严肃或悲伤场合除外），以右手稍用力握住对方的手上下轻摇，并在 3 ~ 5 秒内完成握手礼。有时，为了表达热烈欢迎，还可以将左手搭在对方的手上。

通常情况下，大堂经理不要主动伸手与客户行握手礼，在客户主动伸手时，积极地附和对方即可。

通常情况下，客户经理在客户到来时，要主动伸手与客户完成握手礼，而在客户离开时，要待对方主动伸手后自己再伸手相握。

要注意的是，握手时要摘下手套；当自己的手部不洁时，要提示对方，比如：“对不起！我的手上有墨迹”等；握手时力度要适当；握手时，还要避免出现十字交叉的现象。

银行职员在与客户握手时神态应专注、热情、友好、自然。在握手时切勿显得三心二意，敷衍了事，漫不经心，傲慢冷淡。如果一边握手，一边东张西望，目中无人，甚至忙于跟其他人打招呼，都是极不应该的。

握手时用力应适度，不轻不重，恰到好处。如果手指轻轻一碰，刚刚触及就离开，或是懒懒地、慢慢地相握，缺少应有的力度，会给人勉强应付、不得已而为之之感。

## 修炼箴言

**无论是采用何种方式向客户致意，银行职员都要做到亲切、自然、适度，让客户感到温馨和被尊重的感觉。**

# 礼貌用语，面对客户，文明当先

银行职员的礼貌用语主要是指在服务过程中，银行职员表示自谦恭敬之意的一些约定俗成的语言及其特定的语言表达。在服务岗位上，准确恰当地使用礼貌用语，是银行对从业人员的基本要求。

1. 礼貌用语的种类

（1）问候语

用于见面时的问候，根据时间、地点、对象、场合的不同而不同。在服务岗位上，使用问候语的主要时机有：一是主动服务于他人时；二是他人有求于自己时；三是他人进入本人服务区时；四是他人与自己相距较近或者有目光接触时；五是自己主动与他人联络时。具体的有“你好”、“各位好”、“早上好”、“下午好”、“晚上好”等。

（2）迎送语

一般用于在服务岗位上迎来送往服务对象时的语言，通常银行职员使用的：“欢迎光临”、“再见”、“欢迎再来”、“请慢走”，同时还可以施以注目、点头、微笑、鞠躬等。

（3）请托语

常用在请求他人帮忙或是托付他人代劳时，中心语是一个“请”字，如“请问”、“请稍候”、“请输入密码”等。

（4）致谢语

应用范围较广，既可以用于表示感谢，也可以用于表示感谢的应答。如“谢谢”、“多谢”、“不客气”、“这是我应该做的”等。

（5）征询语

在服务过程中，银行职员往往需要以礼貌语言向服务对象进行征询，此时采用的用语为征询语。

在主动向服务对象提出帮助时，通常使用“您需要帮助吗？”“我可以为您做点什么？”“您需要什么？”等，有时银行职员也可以用封闭式或选择式的语言进行征询，如“这一款理财产品是最新推出的，您需要了解一下吗？”或者“您存半年期还是一年期？”

（6）应答语

银行职员在岗位上用于回应服务对象的召唤或是答复询问时使用的语言，用语是否规范，直接反映了服务态度、技巧和质量。通常有肯定式应答：“好的”、“是”；谦恭式应答：“请不必客气”、“这是我们应该做的”、“过奖了”；谅解式应答：“不要紧”、“没有关系”。

（7）道歉语

在工作中因为主客观原因导致差错、延误或者考虑不周时，应诚恳致歉。

致歉应实事求是，也应适度，让服务对象明白你内疚的心情和愿意把工作继续做好的愿望即可。通常有“对不起”、“抱歉”、“对此表示歉意”等。

**2. 银行职员的日常礼貌用语**

（1）迎接客户时

微笑并起立鞠躬问候：“您好，欢迎光临。”

对熟悉的客户应提供姓氏 / 职务头衔的称呼和问候。“您好，xx 先生 / 女士”或“您好，xx 经理”。

（2）引导客户办理业务时

该业务为本柜台办理时——“请稍候，马上为您办理。”

该业务非本柜台办理时——“请您到 xx 柜台办理。”

该业务非本营业厅办理时——“对不起，本营业厅暂时没有开通此项业务，请您到 xx 营业厅办理。”

该业务本地尚未开办时——“对不起，此项业务尚未开办，您可以……”（主动介绍可替代业务）

（3）引导客户填写单据时

需要客户填写单据——“请您先填好 xx 表格，我们再为您办理。”

需要客户签名——“请您在客户签名处签名。”

需要客户提供电话号码——“方便留下您的联系方式吗？”

需要客户提供证件——“麻烦您出示一下证件，谢谢您的合作！”

（4）与客户进行现金、单据、重要文件交接时，应唱收唱付

需要向客户收取费用——“您办理 xx 业务，需付费 xx 元。”

交接现金——“收您 xx 元，找您 xx 元，请点一下。”

交接单据、重要文件——“这是您的 xx，请收好。”

客户提供的资料不齐时——“很抱歉，根据规定您还需补齐 × ×，我们才能帮您办理。”（必须一次性说清楚此项业务所需要的所有证件，不能让客户多次往返）

（5）因故暂时不能办理业务时

应在柜台摆放“暂停业务”的标牌予以表示，并视不同情况给予解释。

机器设备发生故障——“很抱歉，我们正在排除故障，请您稍等。”

业务繁忙或线路繁忙——“很抱歉，让您久等了。”

交接班——“对不起，请您稍等。”

下班——“对不起，请您到 xx 柜台办理。”

（6）当客户有疑问时

应给予耐心的解释——“请您不要着急，是这样的……”；解释时不得使用“好像”、“可能”、“大概”等含糊的词语。

不对疑难问题不懂装懂，不推诿，落实首问负责制。

客户希望获取详细的业务信息——“您要是想更深入地了解这项业务，可以到我们的资料柜台索取相关的资料。”

客户使用操作不当（自助业务）——“先生 / 小姐，您可以这样……”

（7）送客户时

微笑并起立鞠躬道别：“谢谢”、“请您慢走”或“欢迎再次光临。”

### 3. 银行职员的语气、语调与语速

语气、语调和语速并不是表面上的生硬、柔和与否，不是表面上的嗓门高与低，也不是说话速度的快与慢，而是人们对事物态度的一种表达。

在银行工作中，我们会通过客户的语气、语调以及语速判断其内心的需求、情绪的变化。其实，客户也会通过我们的语气、语调以及语速判断我们的情绪，并以此给出服务态度好与不好的评价。

比如，当我们语气生硬地指出客户的问题时，客户就会得出服务态度不好的结论。

比如，当我们讲话的速度过快时，客户就会认为我们不耐烦。而语速太慢时，客户会认为我们比较懈怠。

又比如，当用低沉语调讲话时，客户会认为我们在命令和质问他们。

由此可以看出，讲话时的语气、语调和语速相比语言内容本身，更能在客户面前展示出我们的内心世界，以及与他们交流时的态度。

（1）语气柔和

怎样做才能使语气柔和呢？

通常情况下，讲话是在呼气而不是在吸气时完成的，吸气是在讲话停顿时进行的。

讲话时正确的呼吸方法，是采用胸腹联合呼吸法（也称丹田呼吸法），即运用小腹收缩、丹田的力量控制呼吸。郭兰英在谈到运用这种呼吸方法时说："唱歌时小肚子常是硬的，唱得越高就越硬。"

胸腹联合呼吸法介于胸式呼吸和腹式呼吸两者之间，是两者的结合。其

具体方法如下：

吸气。小腹向内，即向丹田收缩，大腹、胸、腰部同时向外扩展。前腹和后腰要有分别向前、后、左、右撑开的力量。用鼻吸气，做到快、静、深。此时，我们可以感觉到腰带有变紧的感觉。

呼气。使小腹收紧，使胸、腹部在控制下，将肺部气体慢慢放出。呼气要用嘴，要做到匀、缓、稳。在呼气过程中，语音一个接一个地发出，组成有节奏的有声语言。

这种呼吸方法可以使腹部和丹田充满气息，为发音提供充足的“气”。同时，由于小腹向内收缩，胸前向外扩张，以小腹、后腰和后胸为支点，为发音提供了充足的“力”。“气”与“力”的融合，为优美声音奠定了坚实的基础。

银行职员可以借助以下方法进行呼吸的练习。

闻花香。仿佛面前有一盆散发着香味的花儿，让自己深深地吸进香气，控制一会儿后再缓缓吐出。

吹蜡烛。就是模拟吹灭生日蜡烛的动作。让自己深吸一口气后均匀缓慢地吹出，尽可能时间长一些，能达到 25 ~ 30 秒为合格。

咬住牙。做法是深吸一口气后，让气从牙缝间在发出“咝……”的声音中吐出，力求平稳、均匀、持久。

数数。从 1 数到 10，往复循环，一口气能数多少遍就数多少遍，做到数得清晰和响亮。

在讲话过程中，要处理好讲与呼吸的关系，可进行如下尝试。

要尽可能轻松自如，吸气要迅速，呼气要缓慢、均匀，吸入的气量要适中。

要尽可能在讲话中的自然停顿处换气，不要等讲完一个长句才大呼大吸，这样会显得讲话很吃力。

要使讲话时的姿势有利于呼吸。不论选择站立还是落座，都要抬头、舒肩、展背，胸部要稍向前倾，小腹自然内收。这样才能使语言产生甜美、柔和的感觉。

（2）合理把握语调

在与客户的交往中，应根据对象的不同、事情的不同、场合的不同，合理地把握语调。

与客户交往中常用的“十一字”文明用语，在使用时存在着降调和升调两种情况。

比如，用升调的方法完成“您好”、“再见”中的“好”和“见”，会给客户带来真诚、热情的感觉。相反，如果使用降调的方法，就会给对方带来敷衍、冷淡的感觉。

比如，用升调的方法完成“对不起”中的“起”字，会给客户带来讽刺的感觉，相反，使用降调的方法则比较恰当。

在“十一字”文明用语中，除“对不起”以外，请、您、您好、谢谢、再见，一般情况下都需要使用升调法完成。

面对不同的场合，要讲究语言的声调。大堂经理在制止客户的过激行为时，使用降调的方法能比较好地强化语言的权威性。而客户经理在上门拜访客户时，使用升调的语言方式则会给客户带来温暖、舒适的感觉。

面对不同的事情，要讲究语言的声调。在与客户的交谈中，当谈到不愉快的事情时，语调降低会使对方产生好感，因为，这是理解他人的表现。在对方谈到愉快的事情时，选择升调的方法进行肯定或应答，会使对方得到鼓舞。

（3）语速的控制

在银行工作中，银行职员还要学会针对不同的人、不同的事情，灵活把握语速。

比如，对年事已高的老人、对专业性比较强的问题的解答，要将语速放慢些。而面对年轻人、面对比较简单问题的解答，语速则可以快一些。

## 修炼箴言 BOOK OF PROVERBS

**在工作岗位上，银行职员在更多情况下，是要与客户直接进行口头交谈。银行职员在使用口语时，不管是遇到何种交往对象，均应做到礼貌用语、文明待人。**

## 柜台礼仪，让客户感受到你的素养

随着电话银行、自助银行、网上银行、手机银行以及支付宝、微信等新型电子化服务手段的兴起，过去必须依靠临柜才能完成的交易，得到了大量的分流，给人造成的错觉是，柜台的业务量正在逐步萎缩。但事实上，在中国相当长一段时间内，柜台服务仍是银行的主流服务。现在各银行的营业场所的业务量与过去相比有过之而无不及，特别是在一些发达地区，营业场所内客户排长队现象时有存在，难以消除。

因此，柜台人员在办理业务时，能否做到彬彬有礼、亲切自然，直接关系到客户对银行的印象，直接关系到银行的竞争力。

**1. 柜台人员的三项要求**

（1）准：熟知业务知识，熟练操作技能，熟悉规章制度，办理业务要准确，让客户一次成功。

（2）快：坚持按照临柜操作程序和先外后内的原则，办理业务要快捷，减少客户等候时间。

（3）好：服务态度要热情，对待客户要诚恳，解答提问要耐心，咨询回话要准确。做到想客户所想，急客户所急。办理业务时，不准抛掷卡、钱和单证；不顶撞、刁难、冷落、讽刺客户；不推托、拖延、拒绝办理业务；不准压票、随意退票和无理拒付。发生纠纷时，要善解人意，得理让人；如一时无法解决，应及时报请单位领导处理。

**2. 柜台服务的规范程序**

（1）站相迎

站相迎分为准站立服务和半站立服务两种。准站立服务指站立迎送客，站立办理业务，无客户时可以坐。半站立服务是指站立迎送客，坐着办理业务。客户临近柜台时，如手头没有业务，应起立迎候客户，站立姿态为面带微笑，身体保持正直，双目注视客户，待双手接过客户提交的凭证和钱后方能坐下，并迅速办理业务。如果几个窗口同时接待一位客户，无业务的窗口人员均须同时起立迎候客户，等一窗口接下业务后，其他窗口工作人员方可坐下，办好业务后须起立，双手将办好的凭证或钱交给客户，站立姿态与迎接客户时相同，待客户转身离柜台后坐下。

临柜时，要做到“四个站立”，即客户走近窗口和离开窗口时；客户交付钱款不符时或发现假币时；客户递交的单证有疑问时；为老弱病残、孕妇等特殊客户办理业务时。

（2）笑相问

当客户前来办理业务时，工作人员应微笑地对他说：“您好，请问您要办理什么业务？”从而达到与客户沟通和建立友好的感情的作用。

（3）双手接

在接递客户手中的凭证和款项时，需要用手来完成，而手是体态语言中最重要的传播媒介。因此在接递客户手中的凭证回单时，临柜人员必须要用双手接收。

（4）快速办

在商业社会中，时间就是效率，就是金钱。有人说，效率比态度更重要，此话不无道理。因为客户来主要不是来享受态度的，而是来解决问题（办业务）的。快速办，不仅要求工作人员要增强时间观念，更重要的是要不断提高自身的业务素质。快速办的背后，是平时技能的训练和积累。

（5）双手递

递送客户手中的凭证回单时，临柜人员必须要用双手相送，凭证回单的正面朝客户，忌用手指指着人或物，递出客户的存单或钱款，要与客户核实一下户名和金额。应说："请您核对一下，然后在这儿签个字"；"这里是六万元钱，请收好"；这样做很重要，可以避免不必要的差错和纠纷，同时也体现了对客户的悉心关照。

（6）热情送

办理一笔业务要有始有终，不能忽视最后的礼貌。从服务礼仪这方面讲，当客户离去时，就像主人送别客人以后，主人还应目送客人，目视三秒钟，说些"请走好"、"再见"、"再会"之类的告辞语。

**3. 柜台服务的注意事项**

（1）要把客户当作自己的父母、兄弟、姐妹、好友一样对待，发自内心无怨无悔为他们服务。语言应亲切、柔和，动作要自然、到位，眼神要凝视客户，面带微笑，始终以良好的仪态、饱满的精神出现在客户面前，让客户体会到如沐春风般的感受。

（2）不能用“连这你都不知道”的眼神对待客户。始终牢记，我们没有权力要求客户知道这或知道那，我们所拥有的权力是始终为客户提供所需信息或了解信息的渠道。也不可以指着客户说话或者对着单证指指点点一边说：“我跟你说……”。

（3）有时，我们已对客户反复解释了办理业务的手续，但他就是不明白。这时，千万不要说“我已经说过了”。虽然会再为他解释，但此时客户会以为为他解释是一种施舍，而不是他享有的权利，从而产生受辱的感觉。

（4）不要光同客户说：“这是规定”，客户并不关心这是不是符合规定，他关注的是自身的利益。当他的要求超出我们的职权范围时，就应该与上级取得联系，但无论如何必须说明，这么做对他的利益存在着潜在的危害。如果一味强调“规定”，会让客户觉得是在用规定来搪塞他，甚至压他，导致不必要的纠纷。

（5）不能在旁边有客户或来客的时候说笑，或与正在接待客户的同事说话，分散其注意力。这样会让客户觉得没有受到足够的关注。同样的道理，也不应该一边接待客户一边把茶杯、热水袋抱在手中。

（6）不要说“不知道”，应该说“对不起，这个我不是很清楚，我来帮您问一下，请稍等一会儿”。说一句“不知道”很简单，但这也将客户推到一个尴尬和无助的境地。当然我们也不应该很含糊，非常不明确地回答客户，必须停下来听清客户的问题再给予适当的负责任的回答。如果实在有急事，应该向他表示抱歉，为他再找另一位同事解释问题。

（7）因人制宜，量体裁衣。为最大限度地满足客户的需求，需要临柜人员针对不同客户的特点提供相应的服务或不同的接待技巧，即开展个性化服务。让每位客户都感到银行安全、可信并受尊重。

（8）维护客户利益，站在客户的立场，为他们出谋划策，当好理财参谋，减少不必要的损失。提倡提醒服务，特别是对客户比较生疏的业务，应详细告知办好此项业务需要准备的有关资料及注意事项，以免客户不必要的往返。

## 修炼箴言

BOOK OF PROVERBS

**柜台人员每天都要面对形形色色的客户，处理头绪繁多的业务，虽然压力很大，但一定要做到规范办理业务，礼貌面对客户。**

# 大堂礼仪，银行服务第一站

当客户迈进银行的大门时，首先迎接他们的是笑容可掬、彬彬有礼的大堂经理。大堂经理在迎接客户时，会礼貌地问候并主动征询客户的需求，通过为客户提供预处理、分流等系列化、标准化的服务，为网点整体服务、营销做好铺垫。从中我们可以引出大堂经理的角色定位：银行服务第一站。

大堂经理的服务通常分为三个部分，即迎客、待客及送客。

**1．迎客**

大堂经理要做好每天早晨，在网点开门时的夹道迎客工作，还要做好全天工作中所有客户到来时的日常迎接工作。

（1）夹道迎客

夹道迎客时的位次。夹道迎客时，以进门方向为准，第一领导位于右手距门最近的位置。其他人员按身份的高低顺序排列。

夹道迎客的程序。夹道迎客时，微笑的表情、规范的站姿、上身略前倾的致意方式及温馨而整齐的声音，会给客户带来美好的心情，也能反映出银行员工良好的精神状态。

为了达到上述目的，建议银行职员在开门迎客时，首先，由第一领导侧转身，面向客户行致意礼，并致欢迎词“欢迎光临！”之后，保持欠身致意的姿态。其他参与夹道迎客的人员，以侧转身致意的方式齐声复诵一遍“欢迎光临！”最后，大家集体还原为站立的姿态。

夹道迎客时，柜面人员以规范的站立姿态，面带微笑，向客户行注目礼。

（2）日常迎客

在工作中，大堂经理在可能的情况下，会将自己的工作区域安排在距离网点大门比较近的地方，这是一种很好的服务意识。这样做不但可以做好后续的分流工作，还能使前来办理业务的客户受到大堂经理热情的迎接。

大堂经理在日常接待中，应借鉴酒店人员的服务方式。

让客户首先看到自己的笑脸。

在可能的情况下，以走向客户（哪怕只是一两步）的方式迎接对方。

边欠身致意，边问候和询问客户：“您好！请问您办理什么业务？”问候和询问客户时，对于熟悉的客户，可以这样问候和询问：“阿姨，您好！是来交电话费吧？”

**2. 待客**

客户完成业务的整体过程叫做待客环节。

在待客环节，大堂经理不但要做好分流、预处理、客户识别等工作，还要有“营业中动线管理”的意识和技巧。

（1）动线管理

客户动线，简而言之，就是客户在营业厅行动的路线。

大堂经理要从客户的角度，用客户的视觉感受、心理需求、行进习惯来安排服务场所的功能区分布、设施摆放、服务标准。

大堂经理要从客户的角度，用客户的双脚、双眼及感受来评判营业厅的环境、设施、人员服务等整体情况，从而发现并解决问题，获取客户满意。

客户动线是一条封闭的路线。从客户步入营业厅起，他们通过咨询、等候、办理业务、离开营业厅，在这一封闭的路线中，大堂经理要努力做到让客户在自己的视线中，及时发现客户需求并提供热情的、恰当的帮助。

客户动线是大堂经理巡视的轨迹。当询问大堂经理“您每天都是按照什么顺序进行巡视的”时，部分大堂经理会反问：“还有顺序？哪儿忙就去哪儿吧。”或“哪个区域的客户多，就多巡视一下。要么就是哪里发生了矛盾、纠纷，就马上到哪里去。”

通过待客环节的学习，大堂经理可以根据所在网点的布局及客户动线特点决定巡视的顺序及巡视至各区域内的核心服务内容，避免巡视的无序和服务的脱节。

（2）营业厅功能区与客户动线

一般情况下，客户动线所确定的网点巡视顺序依次是：正门咨询接待区、自助服务区、休息等待区、业务受理区和理财室。

现在把自己当作客户设身处地地进行如下思考。

自己的业务最终要通过柜面人员来办理，可是，在临柜之前，自己是否在咨询、填单、等待等很多环节需要得到帮助？

在没有得到应有的帮助时，在临柜前也许已经产生了抱怨乃至投诉的心理。

贵宾客户认为自己应该是网点服务的重点，但在银行的多数网点里，因为贵宾客户是少数人，所以大堂经理的巡视会后置，有时会让其产生被对方冷落的心理。

客户的抱怨会由许多原因引起，但是，当我们将营业厅功能区的巡视以客户动线顺序的方式完成时，客户的抱怨一定会减少。

大堂经理还要把握动线管理的灵活性。由于各网点的差异，上述动线顺序是可以调整的。大堂经理应根据自己网点的布局、客户的特点来安排每日巡视的顺序，也可以在不同时段重点关注特定的区域。比如早晨刚刚开门营业时，可以首先从自助服务区开始巡视。

（3）大堂经理在不同区域的工作重点

正门咨询接待区。在正门接待区，大堂经理的核心作用是做好预处理（含咨询解答、填单指导等）及分流引导工作。

分流和预处理时，应处理到位，以避免反复。否则，不仅增加自身的工作负担，更容易给客户留下责任心不强、专业程度较差的负面印象。

自助区。在自助区，大堂经理的工作重点是给具备自助能力但还不会使用设备的客户做示范，对不具备自助能力的客户提供协助。

自助区的自助设备（ATM、BST 等），有出现故障的可能性，大堂经理要增加对这一区域的关注度。在为客户提供帮助时，大堂经理要适度，特别是在客户输入密码及存取款等环节要回避，因为客户信任而替代对方做转账等业务的做法是错误的。

休息等待区。在休息等待区，大堂经理首先做好客户关怀，其次要追加预处理，最后才是进行针对性的营销工作。

研究表明，在银行网点内，客户等待的时间不同，其情绪体验也不同。客户等待 10 分钟是其耐心的临界点。大堂经理对等待超过 10 分钟的客户要进行第一次关怀，即口头关怀。口头关怀的内容，可以是通过告知对方等待原因、预计等待时间的长短，引导客户观看银行宣传折页、宣传视频、贵金属展示台等。如果是自己熟悉的大客户，还可以与之寒暄，避免客户出现烦躁情绪。比如，“不好意思，让您久等了。前面还有两个号，请再稍等一下。”

客户等待超过 15 分钟，大堂经理就要进行第二次客户关怀，即行为关怀。比如为客户递上一杯水，递上一份报纸杂志供对方观看等。

客户等待 40 分钟以后，往往会出现烦躁甚至恼怒情绪。此时，可以通过送客户一些小礼品，通过将客户引领入贵宾室休息的方式安抚对方。

业务受理区和理财室。在业务受理区，大堂经理的工作重点是维持秩序，协助柜员、理财经理完成工作等。

**3. 送客**

很多大堂经理十分重视送客环节，因为大家十分清楚服务要做到善始善终，大家还十分清楚客户在完成业务走出营业厅后，往往对离开银行时员工的行为印象很深。

为了很好地完成送客环节，大堂经理应从“迎、陪、停”三个字做起。

任何客户将要离开银行网点时，大堂经理在可能的情况下，要首先走向客户，这一过程叫做“迎”。

比如一位柜面人员在与办理业务的客户道别时，大堂经理首先迎着客户走过去，并询问道：“张女士，您的业务已经办好了？”。

在完成“迎”的过程后，大堂经理要转身陪同客户，并将客户送至营业厅大门处。这一过程叫做“陪”。

所谓的“停”，是大堂经理在与客户道别后，要在营业厅大门处，在可能的情况下停留片刻。原因是部分客户有可能会在走出营业厅后回身与我们再一次道别。如果客户在回身道别时大堂经理已经不在了，将会给客户留下遗憾。

## 修炼箴言 BOOK OF PROVERBS

**大堂经理是掌握银行整个营业厅的枢纽环节，要面对办理不同业务的客户，也要及时应对各种突发情况，责任重大。大堂经理的任何一个失礼的行为，都会让客户对整个银行的印象大打折扣。**

# 第八章

## 一语万金

## 让语言发挥最大的力量

著名推销大师戴尔·卡耐基曾说：“一个人的成功，约有 15% 取决于知识和技术，另外的 85% 则取决于沟通——发表自己意见的能力和激发他人热忱的能力。”可以说，没有相应口才技能的银行职员将很难在这个竞争激烈的市场中博取自己的一席之地。

## 亲切善意，用亲和力黏住客户

一个优秀的银行职员，不仅要具备深层次的文化修养和扎实的金融知识，更应该有温暖、亲和的“气场”，这样才能唤起客户的购买欲望。在与客户沟通中，既要学会用眼睛去发现、去挖掘客户的需求，同时还要学会用嘴巴来黏住客户。加强语言的亲和力，就是你牢牢抓住客户的一个重要前提和保证。

美国著名保险营销顾问弗兰克·贝特格曾说：“最关键的是你如何让他们接近你，你与客户的距离决定了你在他们心中的价值。没有语言的亲和力，又怎么会和客户搞好关系？如果你和他们的关系很疏远，又怎么可能让他们买你的产品？”

船员有了细缆绳的帮助，才能把粗缆绳抛到对岸的码头，从而使船慢慢停靠，这个过程不正像你在销售中接近客户一样吗？是不是因为你没有把握好手中的细缆绳，即语言的亲和力没有做到位，让客户没有产生想接近你的感觉，才使自己损失了很多客户资源呢？

一个真诚、善良，语言中处处充满亲和力的销售者，才能最大限度的留住客户、黏住客户。

小米是一家银行的理财产品销售员。这天，一位小姐来到银行，想看看理财产品，小米赶忙迎上去询问道：“请问您需要什么类型的理财产品？我可以为您介绍几款。”

听到小米的询问，这位客户连头都没抬，冷淡地回答：“我只是来看看，你别跟着我。”

听到客户说这样的话，小米并没有像其他销售员一样生气地离开，而是热情地对客户说：“您不用担心，不管您买不买，我都会认真为您服务的。”

然后，小米询问客户：“听您的口音，好像是唐山的吧？”客户仍旧冷冷地回答：“是啊。怎么了？”

小米高兴地附和：“我也是唐山的，咱俩还是老乡呢！还真是有缘啊。”

这时，客户的语气不再那么冰冷，她笑着反问小米：“是吗？”

看到客户拿着一个大包，满头大汗，小米一边接过客户的包，一边对客户说：“您先在这里休息一下吧，这大热天，提着多累啊。我给您倒杯水，这是理财产品的介绍，您边喝水边看看。”

虽然客户并不想坐下来看介绍，但是看到小米这么亲切，又不好意思拒绝，所以只能按照小米的提议，坐下来边喝水边看介绍。

看着看着，客户表示有一款产品看起来不错。这时，小米说：“这款产品确实不错，您真有眼光。虽然它的收益不是最高的，但优势就是比较保险，咱们买理财产品，虽然要关注收益，但保本也是很重要的，您说对吧？”

客户顿时下定了决心，说：“对，我就买这一款吧！”

本来客户只是来随便看看，并不想真的当时就购买，结果在小米真诚、亲切的语言感召下，便决定按照她的建议购买了理财产品。

小米在面对冷冰冰的客户时，用温暖亲切的话语减轻了客户的心理负担，拉近了与客户之间的距离，最终化解了客户的冷漠，成功地销售出去了产品。

银行职员如果能够积极表达自己的情感，向客户敞开心扉，那么客户自然能够感到你的善意，从而达到双方的心灵相通。

在现实中，很多人囿于惯性思维，很难迈出真实表达自我的第一步，将情感束缚在固定的语言模式内，令沟通变得呆板、枯燥。

所以，如果想要让你的话听起来充满感情，那么不管是喜欢客户的发型，还是偏爱客户的性格，都不妨大胆地表达出来，第一时间表达出自身的真实感受。

销售的目的是把产品卖出去，但销售的过程不仅仅局限于商品的谈论，而是要通过你或温婉、或激情、或自然、或爽快的语言传递给客户一种友好的情感，这样才能达到你想要的成交效果。让我们看看茱丽是如何通过爱心和关怀来促成销售的。

茱丽是美国得克萨斯州某保险公司的女性保险理财员，她是一位爱心天使。每当她的客户发生意外时，她都会第一时间做电话拜访。

一天，她的一名客户居住的家属楼发生火灾。这位客户在茱丽手中买过一份人寿保险，但没有买财产保险。这次这位客户发生火灾，她担心客户的财产受到很大的损失。

茱丽赶紧打电话拜访，她的第一句话是："你们每个人都没事吧？"

第二句话是："您有重大的财产损失吗？"

第三句话是："都怪我不好，当时没有坚持要求您购买财产保险，以至今天我不能帮您减少损失，为您分担经济压力。我今天只能为您分担精神压力。"

第四句话是："面对您的遭遇和处境，我非常焦急，也非常心痛，我会尽快赶到您的身边。"

第五句话是："这一次，我再也不会拖延自己了，我一定要为您设计一份完善的财产保险，使您的家人一生平安幸福。"

茱丽接着让客户了解，她的公司平均可代表火灾保户多争取到30％的火险损失赔偿，而她的公司只收取10％的费用，同时保证若得不到足够弥补客户损失的理赔金额，她的服务分文不取。

最后，这位客户在茱丽真诚关怀的感动下，买了一份财产保险。

人的内心里渴望被人呵护、被人关怀。客户是被你的人格魅力和爱心吸引过来的。一个懂得关怀别人、爱护别人的人一定是一位合格的银行职员。

为了让你的语言更具亲和力，就需要注意以下几个方面。

### 1. 语言要隽永含蓄

在销售中，如果直白地向客户兜售产品，必然不会引起客户的兴趣。直言不讳并没有错，但是如果大家千篇一律，那么即使你的产品再出色，客户也不愿花时间去了解。

然而，当你换一种表达方式，在含蓄中带点直白，在温柔中带些力量；既有提醒，又有暗示，层次分明，详略得当，就像是在做游戏。让客户体会犹抱琵琶半遮面的趣味，就会让客户觉得你的语言有着“过耳不忘”的穿透力和亲和力，更容易让客户接受你。

### 2. 语言要清新委婉

如果你的语言生硬平淡，自然会使客户远离你；如果你能像太阳一样给别人送去温暖，给别人带来光明，你自然会受到每一个人的爱戴。如果你想博得客户的欢心，你的语言风格就要向清新委婉转变。

比如，适当地使用一些结尾语气词。如在一句话的结尾加上“吗”“吧”“啊”“嘛”等词，就会使你的语气带有一种商量的口吻，不会那么生硬。

当你想要向客户表示否定时，不妨把“我认为你这种思想有偏差”改为“我不认为你这种思想很全面”；把“我感觉你这种做法不对”改为“我不感觉你这样做正确”。这样不会让你的语气太直接，让客户有一个缓冲的余地。

如果客户提出的要求你无法达到，就可以提一些新的建议，如客户问：“我们这周二洽谈一下怎么样？”你可以说：“这周五应该也是一个很不错的时间。”

### 3. 多说“请”和“谢谢”

“请”和”谢谢”是与客户建立融洽关系以及提高客户忠诚度的有力言辞，这些话说起来不仅方便简单，而且很容易愉悦客户的心。

当你向客户表达感谢或是施以礼貌的请求时，你在客户心中的地位和价值就已经有所提升了。多说“请”和“谢谢”不但能提高自身的修养，更有助于你获得客户的认可。

## 修炼箴言

BOOK OF PROVERBS

**请记住：要想接近客户，获得客户的好感，就先要让他产生宾至如归的感觉，让他感受到你的亲切和关怀，这样接下来工作就容易多了。**

## 妥善措辞，说话要让客户心理舒服

有个天主教徒，是个烟鬼。有一次，他在祈祷结束后，问神甫："我觉得自己的烟瘾越来越大了！请问，我能在祷告的时候抽口烟吗？"

神甫生气地说："绝对不行！这是对上帝的亵渎！"

教徒想了想，又问："那么，我在抽烟的时候，上帝能允许我做祷告吗？"

神甫欣慰地说："当然可以，你真是上帝的好孩子！"

这个故事说明，同样的事实，说法不一样，给听者的感觉也完全不同，因此得到的结果也不同。所以，在面对客户的时候，对同一件事，选择妥善的措辞，换一种表达方式，可以大大提高沟通效率。

某银行大厅，几位客户正坐在椅子上等候办理业务。由于无聊，其中的一位拿出一包瓜子，几个人开始嗑瓜子聊天。

他们一边谈笑，一边把瓜子皮随意地扔在地上。这种行为让其他等候的客户侧目，但他们却视若无睹。

大堂经理杨某看到了，想了想，拿了几个一次性水杯走过去：“真是对不起，我们应该准备些果壳盘的。现在请先用这个吧。”说着就去收拾地上的瓜子皮。客户见大堂经理不仅没有指责他们，还这样热情周到地为他们提供服务，都觉得有点不好意思。

其中一位连忙站起来作自我批评：“对不起，对不起，给你添麻烦了！我们来收拾吧。”说着和大堂经理一起收拾了瓜子皮放到大厅的垃圾箱里。

最后，杨经理对这几位客户说：“请各位不要客气，有什么事尽管叫我！”

上述案例中，杨经理巧妙地用自己道歉的方式，避免了训斥的方式，用“为客人提供服务”的方式教育了客人，获得了需要的结果。

在和客户的交往中，银行职员应该做的只有一件事，就是提供服务。客户不是“说理”的对象，除非“说理”是服务的一个必要的组成部分。客户也不是“教育”和“改造”的对象，即使需要“教育”，也要以“为客户提供特殊服务”的方式进行。

银行职员背熟了礼貌用语，练就了文质彬彬的举止，只能是避免客户“不满意”。真正令客户满意，还要提供“心理服务”，这需要在交谈中规避不妥措辞。

不妥措辞不一定是脏话、粗话，有时候就是一些日常用语，因而往往被人忽略。

实习生小李给客户介绍了新开理财户的流程后，微笑着说：“如果您有什么地方没有听清楚，我可以再说一遍。”

她的态度很温和，笑容也非常符合标准，但是客户脸上却闪过一丝不悦：“不用了，我这就填单。”

小李想：这个客户脾气真差。接着，她便继续忙自己的工作了。

下班后，小李在收拾东西时，被同组的王姐叫住：“小李，今天你对那位新开户的客户说的话，可以再提升一下。”

“嗯？”小李没反应过来。

王姐说：“以后你试试看跟客户说‘如果我有什么地方没有说清楚，我可以再说一遍’。”

“不都一样吗？”小李不解地说。

“你先试试看。”王姐笑着走了。

第二天，小李接待了一位对银行业务非常不了解的老大爷，在认真讲解后，她想起王姐的话，对客户说：“大爷，如果我有什么地方没有说清楚，我可以再说一遍。”

客户听了，哈哈一笑，摆手说：“很清楚了，很清楚了。我这就填单。”一边往填单处走一边还自言自语，“这姑娘说话真叫人心里舒服。”

这天下班后，小李特地拉着王姐问：“王姐，为什么你教给我的话客户听了都很高兴？”

王姐笑道：“我们做服务的，要记住一点，要否定自己而不是否定客户。同样是再说一遍，因为客户没有听清和因为自己没有说清，角度是不同的，带给客户的心理感受也会截然不同。要让客户满意，工夫就是要做在这些细节处啊！”

小李茅塞顿开。

在生活中，很多日常用语如果用服务的眼光来看，都要被划归为不妥言辞，比如：对不起，这是非常常见的说法，其实更妥善的说法应该是“请接受我的道歉”；如果客户提的要求能够被满足，不要说“行”或者“可以”，虽然这两个词几乎每天都在用，但面对客户的时候，最好用“愿意为您效劳”。要知道，一个专业的服务者，往往就是在这些细节处展现体贴的特性。

银行职员在与客户交谈时，尽量使用积极的措辞，不要说“不”。因为当客户听到“不”“不能”等词语时，他们就不会注意所有能得到的利益，而是集中到“为什么不（能）”这个焦点上。显然这不是我们想要的结果。比较合适的说法是：“我们能为您做的是……”；“我很愿意为您做……”；“针对这个问题，我们推出了……”等。这样，客户的注意力就会集中在可能的解决方法上。

如果面对的是情绪比较激烈的客户，即使不同意该客户的观点，也要表示接受他的情感和想法。比如：“我能理解您遇到的问题，让我想想我能帮您做些什么。”

在客户提要求时，银行职员要对原因进行解释，并使用征询的语气。这样可使客户感到备受尊重，并享受到主导者的乐趣，切忌粗暴的、命令式的语言。妥善的说法有："为了节约您的时间……"；"为了让我更快地满足您的要求……"；"为了便于我更好地接近您的想法……"等。如果要指正客户，可以用结果来代替要求，比如用"您可以到那边去吸烟"，代替"您不能在这里吸烟"。

## 修炼箴言

**在工作中，很多银行职员都有这种体会，同样的意思，怎么他（同事或上级）说，客户就愿意听，我说，客户就一堆抱怨和反驳？要知道，措辞的不同，得到的结果也将有天壤之别。**

## 运用赞美，调节客户情绪

只要是人，就没有不爱听赞美自己的话的。客户自然不例外。然而，要想让客户听了你对其的赞美后心花怒放，就必须把赞美的话说到点子上。如何才能把赞美的话说到位呢？首先就要求你能瞪大你的眼睛，用心去挖掘，寻找出客户的优点，然后巧妙地进行赞美。

一位柜台人员在看到前来办理业务的老人出示的身份证时，发现老人虽然年事已高，精神状态却非常好，他马上赞扬道："您真不像这个年龄的人。"老人听后，开心地笑着说道："好多人都说我显得很年轻。"

这位柜台人员只说了一句话，就调动起了客户的情绪，让他心花怒放。由此可见，赞扬是银行工作中调节客户情绪，改善与客户的关系，加强双方合作的重要交往手段。

渴望得到赞赏，是人性中最根深蒂固的本性。人性中最强烈的欲望是成为举足轻重的人。无论是谁，听到别人对自己的赞美之词时，都会感觉很开心。作为银行职员，若我们对客户说出了到位的赞美，把赞美说到点子上，就必定能加强与客户的沟通效果。

当然，要做到轻松自如、得心应手地赞美别人，是要依靠相关技巧的。赞美是一门艺术，其技巧性很强。就像画画，胡乱涂鸦人人都会涂几笔，但要画一幅完美的作品，就没有那么容易了。

银行职员可以根据以下几个方面作为赞美的切入点：

**1. 根据对方的心理情感需求**

交谈双方各有欲望时，可迎合对方的需求讲些赞美的话，一个不喜欢淑女型，喜欢个性鲜明、男孩子气的女子，你若夸她如果长发披肩，长裙摇曳，一定会婀娜多姿、美丽迷人，她也许不会感激你，还有可能骂你多管闲事。如果了解她的心理，夸她短发看起来又精神又有活力，她一定会很开心。

**2. 根据对方的体型特征**

对体胖的女子，你若说她又矮又胖，一定会令她反感；但你夸她一点不胖，只是丰满，她会得到几分心理安慰，不会因为自己胖而自卑。

**3. 根据对方的年龄特征**

你若想打听对方的年龄，对小孩子可以直接问："今年几岁了？"对老者说："今年高寿？"对年龄相近的异性不可直接问，要试着说："你好像没我年龄大吧？"对年纪稍大的女性，年龄问题更是个雷区，问得不好则会讨人厌。面对一个 40 岁的中年女子，你若开口就问："快 50 了吧？"对方一定会气愤不已。你若小心地问："30出头了吧？"她一定会心花怒放，笑逐颜开。

**4. 根据对方的特定心境**

俗话说：入门休问荣枯事，观看容颜便得知。在赞美别人时，要学会察言观色。一个为事业废寝忘食的客户，一夜未眠，你便可以说他是"以事业为重，有上进心"；一个为了债务焦头烂额，心绪不宁的客户，你夸他"事业有成，春风得意"，对方也许会认为你是在讲风凉话。这种赞美便会起到适得其反的效果。

**5. 见到、听到别人得意的事**

见到、听到客户得意的事，一定要去赞美他。例如，客户给你看了他的小孩的相片，那么一定要夸他的小孩，你若无声地放回去，他会很不高兴。

**6. 适度指出别人的变化**

这种意义是"你在我心目中很重要，我很在乎你的变化，否则是我瞧不上你，我不在乎你"，这是很糟糕的。所以说，如果不是第一次登门拜访，有一段时间没有与客户见面，你就可以指出对方的变化，这个时候无论你说对方胖了或瘦了，对方都是很舒心的，当然更多的是指出对方的一些好的变化方面，客户会感觉更舒服。

银行职员在赞扬客户时，应注意以下几个问题。

实事求是指不浮夸，不吹捧。比如，当某些客户对银行业务略知一二时，可以夸赞对方："您很熟悉银行的业务"，客户会因这种肯定和赞扬而得到鼓舞。但是，如果称赞对方："您简直就是一个银行专家"，这种夸赞很容易使客户产生困惑，客户甚至还会产生被奚落的感觉。

真诚的赞扬应该是发自内心的欣赏和喜欢。所以，要满腔热情，发自内心地赞扬对方。那种虚伪的奉承，甚至吹吹拍拍等做法都是应杜绝的。只有正大光明地赞美他人，才能发挥赞扬的积极作用。

赞扬的内容要因人而异。如果面对女士，则要针对女士的心理需求，赞扬对方年轻、漂亮、有气质等；面对男士时，要将对方比较风趣、幽默以及事业有成作为重要内容；老年人乐于接受肯定自己经验丰富、有所造就等方面的赞扬。

赞扬客户时，还要考虑到，由于每个人的追求不同、爱好不同、兴趣不同，赞扬时也要因人而异。比如，同样是老年人，有的老人喜欢听到身体很健康的赞扬，有的老人则喜欢听到德高望重的赞扬。如果能了解不同人的心理需求，给出对方期待得到的赞扬，就会收到更好的效果。

在银行工作中，赞扬可以是随机进行的，也可以是有准备的。

随机赞扬一般是在交流中发现他人值得赞扬的行为，选择恰当的语言说出来。

比如，工作中如果发现客户签字很工整时，就赞扬道：“您的字很漂亮。”这种随机的、简短的赞扬能起到很好的效果。

又比如，客户经理在谈判的场合，如果发现对方语言能力很强，可以赞扬道：“您的语言能力让人钦佩。”

有准备的赞扬，往往是在了解他人的价值取向，以及了解他人长处的基础上的赞扬。

比如，当一位女士带着孩子来办理业务时，赞扬孩子比赞扬女士的效果要好很多。

比如，当一位教师来办理业务时，赞扬对方从事的是让人尊重的职业，会使对方产生愉悦的情绪。

节奏快是银行工作的特征之一。那么，既不影响工作节奏，又能恰当地夸赞客户的好方法是什么呢？

一位对公柜台人员讲道：“一名企业的会计来办理业务，她出示的材料齐全，印鉴也非常清晰。所以，我看着她说道‘您真细心’。对方听后笑着说‘谢谢你，应该的’。结果，在此后的交往中，这位会计从未出现过丢三落四的情况。”

这位对公柜台人员的一个短句“您真细心”，是具有即时性的，所以，它让客户觉得很自然，很舒适。一个短句“您真细心”是简洁的，不但起到了点到为止的作用，还能够使银行职员便于操作。

所以，可以选择这种“一句话赞扬”的赏识客户方式。

“您的字写得好。”

“您的声音很好听。”

“您对银行业务很熟悉。”

“您的气色真好。”

“您的身体真好。”

……

赞扬他人应该形成一种习惯和生活方式。这种习惯和生活方式不单纯针对客户，还应该针对自己的同事、家人等。

## 修炼箴言 BOOK OF PROVERBS

**赞扬，面对客户，可以起到建立良好关系，获得客户支持的作用。赞扬，面对同事，可以起到增强信心、积极向上的作用。赞扬，面对集体，可以起到促进团队建设的作用。赞扬，对于社会，可以起到获得社会各界支持的作用。**

# 入情入理，说服客户有技巧

凡事从自身考虑，这是人人都有的一种本能。但是这种本能必须控制在合理的范围之内，否则就会变成自私的温床。如果人们打破这种本能，多站在对方的角度来考虑问题，那他必将会得到其他人的信任和好感。

有位女性到医院急诊，因为她的血管很细，新来的护士找不到血管，在她手上扎了好几针，痛得她嗷嗷叫。她先生就在旁边，礼貌地问小护士：“你可以请另一位来给她扎针吗？”小护士说：“不行，我要挑战自己。”此话一出，病人差点昏倒，陪着看病的先生也大发雷霆。

相信小护士只是无心之语，甚至还可以说是勇气可嘉，但是，这样的勇气用的完全不对地方、不对时间。因为，她根本就没有替病人考虑，甚至完全无视病人的痛苦。这样的护士没办法让病人喜欢。

某客户在柜面办理业务时，柜员发现凭单填写存在涂改，因此建议客户到填单台重新填单，客户担心重新排队又需要等待较长时间，不愿离开柜台。

柜员：不好意思，先生，您填写的汇款单有涂改，麻烦您重新填写一张。

客户：啊，不会吧！就改了这么一点点就不行？我填单时，你们工作人员又没有跟我说汇款单上不能涂改呀。再说了，这上面我只是改了一个字，又不影响什么，你帮忙通融一下不就行了吗？

柜员：不好意思，这是规定，通融不了，您重新填一张吧！

客户：（大怒）什么破规定！还通融不了！我办个汇款等了 40 多分钟，到了这会儿才叫我去重新填写单据，我又得重新排队！再说了，我刚才填单时，你们大堂经理就站在旁边，她也没说这单子填得不行。她要是早跟我说，我就早改呗，免得在这等了这么久，你又要我重新填，重新等……你们这不是故意浪费我的时间吗？

柜员：实在抱歉，我总不能违反规定给您办吧！您还是赶快去重新填单吧，我这边还有很多客户排着队呢。（柜员举手示意，请大堂经理过来协助）

客户：排队关我什么事，我都排了 40 多分钟呢！

大堂经理：您好，请问发生了什么事吗？

客户：什么事？你还好意思问什么事？我在你那边填单填了那么久，你都不说我这单子填错了。现在倒好，等了 40 多分钟，终于轮到我了，现在才跟我说这单子不行，要我重填，还得重新排队。你们的时间宝贵，后面有客户等着，难道我的时间就不值钱吗？

大堂经理：不好意思，先生，我们没说您的时间不值钱，再说了您填好单后应该递给我看一下呀，今天客户那么多，我哪顾得上呀？

客户：（顿时怒气冲冲）就你们忙，我们就不忙呀，你还怪起我来了！不填了，填啥呀填，这款我也不在你们这汇了。帮我取款，把我的钱全取了，再销户，以后再也不来你们这破银行了！

其实，当柜员提出凭单存在涂改时，客户已知道自身有失误。但客户试图得到柜员的特殊照顾，这时柜员说“这是规定”“通融不了”，直接拒绝了客户，客户感觉柜员没有尊重自己，因此产生不满的情绪。大堂经理在服务过程中强调客户应该主动找他核实填单，带有明显的推卸责任的意图，客户再次感到自己没有被尊重，因而被彻底激怒。客户认为造成他在这个时候重新填单的原因是大堂经理现场指导不到位，当自己填单完毕后大堂经理应该主动检查并核对一下填写的单据是否符合要求。

长时间等候对每个人而言都是一件痛苦的事情，这位客户白白地等候 40 分钟后，银行员工对此没有表示任何歉意，并直接拒绝了客户的请求，对任何人来说都是一种隐形的刺伤。

客户不愿意重新填单的真实原因并不是客户嫌麻烦，而是害怕再次长时间的等候，对此柜员与大堂经理没有提供合理有效的建议给客户，从而进一步加深了客户对再次等候的担忧和恐慌感。

大堂经理过来后的第一句问话便带有挑衅成分，“请问发生了什么事？”这句话客户会理解成对方在指责自己给银行添了麻烦，客户的不满情绪会更加严重。

那么，面对这种情况，银行职员应该怎么办呢？请看下面的示范：

柜员：不好意思，先生，为了保证您的汇款能及时、准确、无误地汇到对方账户，您填写的单据上不能有任何涂改的地方。麻烦您再重新填写一张好吗？

客户：这上面我只是改了一个字，应该不会影响到收款的，就帮忙通融一下吧！

柜员：先生，我也很想通融通融，但是实在抱歉，万一因为这汇款单上涂改的地方影响到您汇款的准确性，就会给您和收款方带来不必要的麻烦。这会儿重新填一下单据就可以避免不必要的麻烦发生。（及时举手请大堂经理过来协助）

大堂经理：您好，请问有什么能帮助到您的吗？

客户：我刚才在你那边填单子填了那么久，你都不说我这单子填错了，现在倒好，等了40多分钟好不容易轮到我了，才跟我说填的不对要重填，又得重新排队，我哪有那么多时间！

大堂经理：实在不好意思，刚刚您填好单后我没有及时帮您核对，这是我工作的失误，给您带来这样的麻烦实在是抱歉。但是您放心，您重新填单后不用再重新排队叫号了，我现在给您办一张续办卡。我先陪您过去把凭条填好，您再拿着这张续办卡回到原来办理的柜台，待柜员办理完手头上这位客户的业务后，就可以为您续办了。您不用再重新排队，只需要等一会儿就可以了。

客户：噢，那还差不多，我还以为要重新叫号呢！

大堂经理：您这边请（大堂经理引导客户至填单台），这是凭证样板，您按照样板填写。（站在一旁指导，待客户填完单据后，帮助客户检查是否填写正确）

客户：好，谢谢！

大堂经理：不用谢，这是我们应该做的。刚才因为我工作的失误耽搁了您宝贵的时间，深感抱歉。您下次来时我们一定会避免类似的事情再发生，为您提供更好的服务。非常感谢您对我们银行的信任与支持！

可以看出，柜员与客户沟通的第一句话要从客户角度出发，将重新填单的原因由原来的“我行规定”变为“为了保证您的汇款能及时、准确、无误地汇到对方账户”。这种换位思考的沟通方式能够提高客户的接受度。同时，对于因单据填错或其他特殊原因需续办的客户，为客户提供相应的续办管理办法，有效解除客户对再次排队等候的担忧。

某银行网点9点准时开门营业，一名客户听到叫号后来到柜面办理业务。

柜面人员面带笑容地询问道：“先生，您好！请坐！请问您办理什么业务？”

客户将厚厚的一沓百元现钞递给柜面人员并说道：“换零钱。我要换 xxx 张五块的，xxx 张两块的，xxx 张一块的……”

听到这里，柜面人员打断客户的话说道：“对不起！先生，打断您一下好吗？一看就知道您是一个买卖人，如果我没有说错的话，您的买卖做得还很好。”

客户插话说道：“买卖做得还行吧，要不干吗换这么多零钱呢。”

柜面人员继续问道：“您大约几天就要换一次零钱呢？”

客户回答道：“十来天就要换一次吧。”

柜面人员听到后，心里有了主张，她说道：“先生，我之所以问您几天换一次零钱，是担心耽误您使用。因为银行每天准备的零钞有一定的额度。看到您这厚厚的一沓钱，我估计给您换了以后，其他客户如果要换零钱，就很困难了。”

客户听到这里说道：“我明白你的意思，你争取多换给我一些吧。”

柜面人员马上应答道：“非常感谢您的理解和支持！您下次来换零钱之前先打一下电话，银行就能将您要换的零钱提前准备好。”

客户说道：“好吧。”

可以发现，在这一案例中客户的实际问题并没有得到彻底解决。但是，客户却比较满意地接受了柜面人员的建议。是柜面人员对客户处理问题的态度和方法打动了客户，是柜面人员的真诚打动了客户。

所以，在说服客户时，真诚地站在对方的角度思考，以情动人是银行职员始终要坚持的做法。

## 修炼箴言 BOOK OF PROVERBS

**事实上，只要银行职员真的懂得换位思考，那他就会很自然地替客户想，替客户做，替客户说话了。否则，不懂得换位思考，即使是无心之言也会让客户很受伤害。**

# 第九章

## 客户开发

## 发现潜在的“金矿”

这个世界上没有只赚不赔的市场，同样的道理，也没有哪家银行、哪个金融产品可以永远一枝独秀。但却总有一些卓越的银行客户经理能够始终赢得客户的信赖，为银行也为自己收获了丰厚的利益。这与他们高超的客户开发能力是分不开的。

## 火眼金睛，寻找目标客户

客户不会主动送上门，银行客户经理需要主动出击，利用各种方法去寻找客户。寻找客户的方法很多，可以通过别人介绍，还可以自己查询资料，通过种种方法来拓宽自己的客户渠道。

客户经理："您好！请问您是火旺通讯公司李一安总经理吗？"

目标客户："是的。您是怎么知道我名字的？"

客户经理："您可是大名鼎鼎的新闻人物呀！我是XX行客户经理，我叫王新。昨天《XX日报》用一整版的篇幅介绍了您的创业经历和您公司的品牌经营战略，我很敬佩您。前不久，我行推出了一种新的公司客户理财服务产品，很适合为您公司的品牌经营战略服务。我想到您的公司去拜访您，不知道您今天下午三点，还是明天上午十点比较方便？"

目标客户："行，那你今天下午四点钟过来吧！"

上面案例中的客户经理就是利用了报纸杂志等大众媒体来寻找潜在客户。因此，银行客户经理一定要看《新闻联播》，特别是地方电视台的“时事新闻”，可以从中找到很多有价值的信息，如国家和地方的经济政策、招商引资的信息等。客户经理还要多看地方党报，因为党报上也有很多企业招商引资的信息。都市报、晚报、晨报等可以在放松心情、拓宽知识面的时候看，但绝对不能替代党报的地位。

但是，并非每一个潜在客户都是合格的目标客户，从潜在客户到目标客户，还需要进行客户资格鉴定，也就是对客户进行选择，看其是否具备成为本银行客户的资格。

银行筛选客户时范围要广泛，但是选择要谨慎，首先筛选理论上的潜在客户，其次筛选有效客户，然后和客户接触、对客户营销，最后达成合作。

择优原则是银行永恒的法则，最根本的一点，就是看营销的金融产品（服务）能否与目标客户建立现实关系。这种现实关系表现为五个基本方面：

一是客户是否有金融需求。有效地满足客户的金融需求是营销工作成功与否的关键。假如客户经理营销的产品对客户毫无用处，无论花费多少精力和口舌，都会无功而返、枉费心机。

二是客户是否有购买能力。客户经理分析客户的信用购买能力时，首先要从考虑产业政策开始，其次要分析客户的区域环境，再次要分析客户的经济实力，最后要分析客户的信用情况。

三是客户是否符合本银行优良客户条件。各个银行对优良客户的选定标准都不一样，大致分为三类 以使用本银行纯负债业务和中间业务为主的客户、以使用本银行信用产品为主的客户、全面使用本银行金融产品的客户。

四是客户代表是否有购买权。客户经理要分辨出在客户单位里是哪些人实际负责金融产品购买工作、究竟是谁掌握拍板权。

五是客户是否能为本银行创造价值（利润）。银行营销追求的就是利润和价值。所以能够创造价值是考察客户的关键条件。

银行客户经理选择客户有六个方法：一是系统筛选，通过客户关系系统筛选目标客户；二是网点识别；三是升级营销，就是把客户的金卡升级为白金卡、白金卡升级为钻石卡；四是信息的挖掘；五是客户的引荐；六是外部营销。

通过研究这六种方法，不难发现，目标客户来源主要有三个，即现有客户转化（占 50%）、贵宾客户引荐（占 20%）、外部营销（占 30%）。作为银行客户经理，在寻找和确定目标客户的时候，要把重点放在这三个方面。

选择目标客户是制订营销计划和确定营销策略的前提条件。随着市场经济的发展，竞争日益激烈，营销工作日趋复杂和艰难，一家银行的规模再大，产品竞争能力再强，营销方法和技巧再高明，也不可能赢得市场上所有的潜在客户。因此，客户经理必须自己圈定特定的营销范围，并对范围内的目标客户进行分类，根据本行产品的特点和营销优势，选择恰当的营销对象。那么，如何选择营销对象呢？以下几种方法可供参考。

**1．对潜在客户进行分析归类，确定开发目标**

客户经理想要提高营销业绩，使工作更加有的放矢，必须在众多潜在客户中挑出最有希望、最有购买意愿的客户作为目标客户。

在实施营销前，对潜在客户的分析归类是建立在调查研究基础上的，这时的分类方法主要有两种：一是依据客户的购买欲望，二是依据可能成交的时间。

依据客户的购买愿望，可以把潜在客户分成三类：

第一类是有强烈的金融需求、明显的购买意图，而且有购买能力的潜在客户；

第二类是有购买动机与购买需求，最终会来购买的潜在客户；

第三类则是对于是否购买尚有疑问的潜在客户。

经过分析归纳，客户经理应把第一类和第二类潜在客户作为目标客户。

依据可能成交的时间，可以把潜在客户分成三类：

第一类是一个月内可能成交的客户，被称为渴望客户，客户经理可安排短期高频的拜访，加大公关的力度；

第二类是三个月内可能成交的客户，被称为有望客户，客户经理可将其作为重点目标客户积极争取，主动出击；

第三类是超过三个月以后才有可能成交的客户，被称为观望客户，客户经理对其需作进一步的判断和评估，然后依据情况安排拜访时间。

**2. 对现有客户进行深入分析，确定深度开发目标**

有些客户经理只注重对新客户的开发，忽视对现有客户的深度开发，以致客户对本银行的价值没有得到充分挖掘。

有些产品及服务受客户欢迎，有些产品及服务不受客户欢迎，有些优良客户已经成为本银行垄断的客户，有些优良客户在本银行的产品（服务）使用量很小。客户经理在对现有客户进行分析后，便可解决这些问题，找出深度开发的营销对策。

对现有优良客户的深度开发目标，一般可以从四个方面来确定：

一是扩大优良客户在本银行的金融交易额，提高本银行对该优良客户的市场占有率；

二是提高该优良客户对本银行的综合贡献率，如经过协商扩大中间业务收费范围或提高手续费标准，由主要提供信贷产品扩大到资产、负债和中间业务等综合金融服务，延长产品线及“价值链”；

三是提升本银行与该优良客户的合作层次，如由分支机构的合作提升为集团总部的合作，由部分机构的合作提升为全系统或全集团的合作；

四是发展本银行与该优良客户的合作关系，如由松散型合作发展为紧密型合作，由短期合作发展为长期合作，由临时性合作发展为稳定性合作，由单项业务合作发展为全面业务合作等。

3. 对银行和客户经理本人的开发能力进行认真衡量，确定营销对象

寻找到优良的潜在客户对任何一家银行、任何一位客户经理来说，都是好事，但不要急于立即进行营销活动，首先要冷静分析银行和客户经理个人的条件，再确定是否将该客户列为营销对象。

每一家银行信贷资金的实力、网络的先进程度以及服务系统的完善水平等都不一样，应根据客户的需求，衡量本银行是否能满足优良潜在客户的条件，否则，就算一时营销成功，之后也可能因为资金量短缺、服务跟不上，或其他原因，使客户流失掉。

作为客户经理本人，也应该分析自己的营销时间是否充足、关系资源是否可靠、营销费用是否够用等。如果银行和个人都不具备开发该潜在客户的能力，那最好不要尝试，否则会劳民伤财、得不偿失。

## 修炼箴言

BOOK OF PROVERBS

**科学地发现和选择营销对象，可以利用有限的时间与费用，全力说服那些购买欲望强烈、购买量大、社会影响大的“高价值客户”或“优良客户”，减少营销活动的盲目性，提高营销工作的成功率。**

# 收集信息，成功接近客户

在金融营销工作中，优秀的客户经理大都十分善于收集情报资料，善于打“情报战”。他们把营销活动变成自己的“家庭作业”，即随时随地对情报资料进行收集、整理，再信心百倍地敲开客户的大门。

**1. 个体情报**

情报记录比大脑记忆更重要，搜集客户情报资料是客户管理中最根本、最基础的工作。曾有客户经理把需要收集的客户个人资料分为 9 个方面，共 100 个问题。也许未必会使用到所有问题，可以按情况从中挑选一些，但一定要有思维脉络，尽可能涉及需要的全部情报。

（1）基本资料

客户的基本资料包括：姓名（绰号）、身份证号码、职称；家庭住址、电话及传真；公司名称、地址、电话及传真、注册编号；民族、户籍、国籍；生日、血型、身高、体重；等等。

客户经理对客户的基本资料一定要掌握准确，千万不能出差错。中国有一个传统，那就是“大丈夫行不更名，坐不改姓”，中国人对自己的姓名非常敏感，若在这里犯错误，可能要付出很大的代价，客户经理一定要倍加小心。

（2）专项情报

客户的专项情报包括：教育情报、家庭情报、人际情报、事业情报、生活情报、性格特长和内涵情报、经历情报、对本银行态度情报，等等。

（3）教育情报

教育情报包括：高中（起止时间）、大学（起止时间）、研究生（起止时间）；最高学历，主修专业；在校期间所获奖励；在校期间参加的社团（职位）；最喜欢的运动项目；对“文凭”的看法等。客户经理掌握客户的受教育情况，有利于了解客户的文化水平，更有效地与其进行沟通。

（4）家庭情报

家庭情报包括：已婚或未婚；配偶姓名、教育程度（学校）、兴趣、专长、生日及血型；结婚纪念日；有无子女；子女姓名、生日、教育程度（学校）；对婚姻的看法、对子女教育的看法；家庭总体状况等。

了解客户的家庭背景，投其所好，对症下药，是不少客户经理赢得成功的“杀手锏”。如一位客户经理了解到客户的儿子喜欢集邮，在与客户见面时送上一些有纪念价值的邮票，迅速得到了客户和其家人的好感。

（5）人际情报

人际情报包括：主要亲戚情况（姓名及职业）；与亲戚的关系；接触最频繁、最要好的亲戚；主要朋友情况（姓名及职业）；与朋友的关系；邻居情况（姓名及职业）；与邻居的关系；最接近、最要好的邻居；对人际关系的看法；人际关系总体状况等。

客户代表的人际关系是非常重要的情报。有些客户经理就是利用客户的朋友与客户进行认识，或者在营销的关键时刻、关键环节请客户的“铁哥们”、“铁姐们”出面帮忙，往往会收到事半功倍的效果。

（6）事业情报

事业情报包括：以往就业情况（起止时间）、公司名称、公司地点、职位或职称（年收入）；目前公司职位（年收入）；在目前公司中的地位；对目前公司的态度；是否参加公司内部社团；以前工作的公司中哪些员工认识这位客户；目前公司员工对该客户事业态度的评价；现在最满意的个人成就或公司福利；重视现在或未来的发展（理由）等。

掌握了客户事业成功的主要信息，就可以准确地找到赞美的方向，有针对性地赞美对方，获得对方的好感。

（7）生活情报

生活情报包括：过去的医疗病史；目前的健康状况；是否喝酒（种类，酒量）、对喝酒的看法；是否吸烟（种类，数量）、对吸烟的看法；喜欢在何处用餐、喜欢吃的菜；生活态度、有没有座右铭；休闲习惯、度假习惯；喜欢的运动、比赛；喜欢的聊天话题；对哪种成就最骄傲、对哪种失败最沮丧；个人目标；日常生活的总体状况等。

掌握客户生活习性，就可以有的放矢地进行场外营销，私下联谊。客户喜欢吃川菜，如果你带他去吃粤菜，他肯定吃不痛快；客户喜欢吃鲁菜，如果你带他去吃湘菜，他可能一顿饭都下不了筷子；有些人对海鲜过敏，如果你请他吃海鲜，他肯定非常不悦。

（8）性格特长和内涵情报

性格特长和内涵情报包括：曾参加的俱乐部或社团，目前所在的俱乐部或社团；是否热衷政治活动；在所住社区与地方参与的活动；宗教信仰（态度）；忌讳；重视的事情；特长；喜欢看的书的类型；专业能力如何；内涵状况的总体评价等。

了解客户的性格特长，并对其加以赞美，也是一些客户经理博得对方好感的手段之一，如果做到了这一点，你就离营销成功不远了。

小王是一家银行的客户经理，他去拜访郭厂长前做过调查，知道郭厂长爱好书法，因此做了一些准备。小王走进郭厂长的办公室时，发现墙上挂着郭厂长写的条幅。小王马上就称赞郭厂长的书法有功力，还与郭厂长就书法问题交谈了心得体会，短短的一次见面，小王就得到了郭厂长的信任。没多久，郭厂长就将基本账户从其他银行转到了小王所在的银行。

（9）经历情报

经历情报包括：对目前经历的综合看法；十年后的目标；人生的最终目标；目前最想完成的事；目前最满足的事；目前最遗憾的事；目前最想强化什么；目前最想克服什么；经历状况的总体评价等。

对于客户经理来说，了解营销对象的经历有助于寒暄时拉近双方的距离，在恰当时间提出拜访的目的，成交也就水到渠成了。

有一位客户经理了解到客户代表和自己一样，都曾在部队里当过团长。他和客户一见面就开始谈如何带兵，双方谈得津津有味，经过几次接触，两人变成了好朋友，最后在很短的时间内迅速达成了合作协议。

（10）对本银行态度情报

对本银行态度的情报包括：客户对本银行或竞争对手的意见看法；与本银行初次业务往来日期；目前与本银行业务往来情况；与本银行关系如何；本银行能否协助他解决问题、如何协助；竞争者能否更好地解决客户的问题；与其他银行合作情况，对哪家银行、哪个客户经理最偏爱等。

（11）其他情报

其他情报还包括：客户有哪些道德顾虑；是否愿意接受他人的建议来改变自己；是否重视别人的意见；是否非常固执；待人处事的风格；管理能力上是否有问题；与管理层是否有冲突；其他可供参考的资料。

**2. 团体情报**

客户团体情报包括：客户单位的经营情报、客户单位的管理情报、客户所处行业的情报。团体资料的收集工作比较复杂，需要一个积累的过程，客户经理可以分步进行，分类分析。

（1）客户单位的情报

客户单位的情报包括经营情报和管理情报。

客户单位的经营情报包括企业的规模、企业所处的发展阶段、产品多样化、经营目标、企业产品与市场分析、企业的采购环节、生产环节、销售环节等情况。

客户单位的管理情报包括企业的组织形式、管理层的素质和经验、管理层的稳定性、经营思想和作风、关联企业的经营管理、员工队伍、内部控制与管理、财务管理能力等情况。

客户经理小姚通过朋友认识了一家公司的财务总监，当时这位财务总监的公司正好有意做一个理财项目，于是请小姚赶快做一个金融理财方案。

小姚按他说的做了，经过反复修改，财务总监觉得很不错，让小姚半个月后去公司签约。

没想到，半个月后，财务总监对小姚说："不好意思，昨天，我们总经理办公会决定，由另外一家银行为我们做理财项目，那家银行的客户经理还参加了我们的总经理办公会。"

原来，在小姚等签约的半个月里，竞争对手并没有闲着，他做了三件事：第一，通过公司财务部，知道这家公司有规定，决策超过一亿元的项目需要总经理办公会决定；第二，通过办公室的办事员，得知召开总经理办公会的时间，并搞清楚有哪些老总参加；第三，在总经理办公会召开之前，对参加会议的老总一一进行拜访，向他们全面介绍了自己银行理财产品的好处。

这就是知己不知彼的后果。案例中的小姚没有弄清楚客户公司规定“超过一亿元的决策需要总经理办公会做决定”，浪费了半个月的时间，让竞争对手钻了空子，最终营销失败。

（2）客户所处行业的情报

每个企业都处在某一特定行业中，每一特定行业因其所处的发展阶段和发展状况不同而具备特有的行业效益与风险。尽管这种效益和风险都有一定的阶段性特征，但在同一行业中的企业可能需要共同面对某些基本一致的效益和风险。客户经理可以通过分析客户特别是借款客户所处的行业，评估其可能正在或即将面对的行业变化趋势，进一步分析这种变化趋势对借款客户还款能力的影响程度和方向，从而找到影响贷款偿还的行业变化因素，以便采取针对性措施，或调整贷款的行业投向政策，以避免行业风险演变成信贷风险。

一般而言，收集企业的行业情报主要包括以下内容：

行业特征。行业特征主要是指某一行业的成本构成、赢利性、对其他行业的依赖性、产品的可替代性等方面有别于其他行业的特点。

行业演化规律或行业周期。一个行业的成长一般要经历四个主要阶段，即导入阶段、成长阶段、成熟阶段和衰退阶段。在市场经济条件下，企业因其行业所处的发展阶段不同而面临不同的风险和机会。仔细分析客户所处行业的发展阶段，客户经理就有可能预见客户所面临的挑战，从而预防贷款风险。

行业内的竞争。行业整体分析只能够解决整个行业所面临的共同问题，对行业内的各个企业而言，还面临着同行业内其他企业的竞争，这种竞争随着行业的不同而不同。客户经理对这种竞争要有一定的了解，并由此做出风险评估。

国务院国资委财务监督与考核评价局每年都会发布一套《企业绩效评价标准值》的资料，里面容纳了所有行业指标。银行每年订这套资料的好处有很多，因为这套资料中的数据很权威。如果客户经理手里有这一套行业资料，在为客户做理财参考时，客户要选择投资什么行业，你就可以告诉他哪个行业最赚钱，这个行业成本率和投资回报率如何；要做一个企业的贷款，客户经理就可以论证这个企业在全行业的状况是平均值还是优良值，银行能不能将贷款贷给这个客户。有了这些资料，客户经理作出的判断就不是经验之谈，而是出自科学的理性判断，是理性决策、科学决策。

综上所述，情报资料对客户经理来说非常重要，客户经理要做好随时储存情报资料的准备。

## 修炼箴言

BOOK OF PROVERBS

客户经理要以对待朋友之心去运用收集到的情报资料，不能刻意去笼络客户、功利性地讨好客户。比如，有的客户经理平时不和客户联系，等到需要拜访客户时，才忙着打电话寒暄、送礼物上门，这样的行为是非常令客户反感的。

# 顺畅沟通，完美接触客户

银行客户经理无论是搜索目标客户、确定目标客户、收集客户情报，还是制订访问计划，一切准备工作都是为了正式接触客户，双方展开顺畅的沟通，继而展开营销。通过沟通，客户经理不仅可以全面了解客户的现实需要，还可以发现目标客户的潜在需求，帮助客户形成解决问题的方案。更为重要的是，良好有效的沟通可以在客户经理和客户之间建立起信任关系。

沟通是黏合剂，将营销中的双方聚集在一起。尽管每个人都有自己的理想、价值观与生活经历，但通过有效的沟通都可以使人们彼此了解与理解，将原先相互独立的个体吸引并聚集在一个价值链中。

某钢铁经销商每年的销售额超过40亿元，在全国有24家分公司，很适合开设网上银行业务。这家钢铁经销公司的老板姓高，是从农村打拼出来的民营企业家。

情景一

客户经理小王找到高老板，向他介绍网上银行业务的优点。

高老板："我是民营企业家，你们的网上银行业务虽然方便快捷，但如果我的资金都存到网上银行的账上，税务局一查不就全查出来了？我要多交很多税呢！"

小王不假思索地脱口而出："高老板，难怪你是乡镇企业家。"

高老板最反感别人说他是从农村出来的乡镇企业家，他马上打断了小王的话，不耐烦地说："你走吧！你走吧！我就是土老帽儿一个，你赶紧走吧！"

小王被高老板撵了出去，他的营销彻底失败了。

情景二

客户经理小刘："高老板，听说您有个称号，叫做'现代钢铁经销商第一人'啊！"

高老板："哪里，哪里！"

客户经理小刘："您太谦虚了！我听别人说过，您在一个大型国有商业银行总行讲过课，能给那么多企业老总、银行领导和员工讲课，得很高的水平呢，您可真是真人不露相啊！"

高老板："啊，这件事你也知道啊？"

一个民营企业家在大型国有商业银行总行给企业老总、银行领导和员工讲课，这确实很难得。客户经理小刘一下子找到了高老板的兴奋点，之后他做了高老板100分钟的听众，听他讲自己经商过程中惊心动魄的经历，并不断地做出回应，赞美他："您做得真好！您真会把握时机！您太有水平了！"

提到避税问题，高老板认为民营企业赚钱不容易，应该合理避税。小刘表示非常赞成他的观点，然后话题一转："不过，高老板，您是志向远大的人，肯定想把企业做成全国百强企业，如果企业的财务管理跟不上，仅靠手工操作，从表面上看你的税收交得少，实际上您在财会监管方面并不符合要求，这样一来就不能提高在银行的授信等级。您要想做到上百亿的销售额，没有十几个亿的授信额度是不够的。如果您用了网上银行，全国24个分公司的资金实时到账，您不但可以少聘用50%的财务人员，而且您的管理规范了，建立起现代企业制度了，监管部门会更信任您。这真是一举多得啊！"

高老板："原来网上银行这么好啊，那你下个星期给我开通这个业务吧！"

客户经理小刘这次成功的营销行为包含了很多沟通技巧，耐心地做听众、适当地赞美、合理地引导，这都是情景一中的客户经理小王未能做到的。

所谓"沟通"，就是要越过"沟"达到"通"的目的。如果仅有"沟"，谈话的双方各执一词，甚至鸡同鸭讲，就属于无效沟通。客户经理要成功经营客户，达到营销的目的，首先要做到高效沟通。

高效沟通有四个原则：第一，待人以诚，用诚心和诚意来对待客户；第二，待人以恒，与客户保持长期联系；第三，待人以和，以平和的心态来对待沟通中出现的问题，千万不要让客户产生被强迫感；第四，待人以乐，用自己的快乐和激情来感染客户。

高效沟通分为四个阶段：第一，外求共同点，这是沟通的最表层，首先要找到与客户的共同点；第二，内求共鸣点，这时的沟通更接近客户的内心，在共同点的基础上与客户产生共鸣；第三，深求认同感，这时的沟通属于最里层，寻求内心的认同感；第四，实求影响力，这是高效沟通目的之所在，在沟通之后产生的对客户的影响力。

**1．银行客户经理与客户沟通的方法**

和客户沟通有很多方法，如喜悦心沟通法、同理心沟通法、提供数字法、包容心沟通法、以退为进法等。

（1）喜悦心沟通法

营销是信心的传递，是情绪的转移。客户经理要把自己的好心情传递给客户，要用自己对银行的热爱、对金融产品的热爱来感染你正在营销的客户。

（2）同理心沟通法

在营销中，客户经理不要与客户斗，永远不要成为客户的对立面，要用同理心与客户进行沟通，多站在客户的角度想问题，让客户感觉和你是一个阵营里的战友，这样才有成功的机会。其中一个技巧就是多用“您觉得如何”来拉近与客户之间的关系。

（3）提供数字法

客户经理与客户沟通时，获取的信息要数字化，就是说要运用数字来强化效果，不讲模棱两可的话，这样得到的信息才准确。比如，“王总，不好意思，我在接总行的电话，5分钟以后我给你打过去。”你提供的是一个确切的时间段——5 分钟，这给了客户一个很重要的心理暗示，客户就不会着急了，就可以自由安排他的工作。

（4）包容心沟通法

挫折等于存折，客户的抱怨和不满都是刺激客户经理成长的动力，有了客户的拒绝，才有客户经理的成长和营销的机会，所以客户经理要感激客户、感激社会。面对客户的负面评价，客户经理要用包容心来对待，千万不要和客户针锋相对，客户的愤怒会直接导致丧失购买任何金融产品的意愿，甚至会从此拒绝进行任何合作。

（5）以退为进法

得理也要饶人，理直也要气和。哪怕客户确实有责任，客户经理也不能表现得太过强硬。比如，客户遭受损失是因为客户的电脑网络系统有问题，在这种情况下，客户经理得理也要饶人，比如，“申总，您的财务系统太落后了……”虽然这句话可能是事实，但听起来确实很伤人。

再比如，客户购买某种有风险的理财产品，出现了亏损情况。虽然实际情况是银行销售没有责任，理财合同也没有问题，客户经理的风险提示也到位了，但客户经理绝对不能说：“亏损是你自己的事，和我们毫无关系。”这句话一出口，不仅这位客户自己一辈子不会再和这家银行打交道，而且他还会告诉身边所有人，XX 银行服务态度极其恶劣，千万不要和他们打交道……

所以，即便银行没有任何过错，客户经理虽然“理直”，但气也要“和”，客户经理可以这么说：“不好意思，由于市场和我们工作上的原因让您亏本了，我代表银行向你道歉。现在我们谈谈，以后该怎么规避类似的风险……”这种谦逊的态度和诚恳的语气不仅能够平息客户怨愤的情绪，还会提高客户对客户经理专业水准的信任度。

**2. 如何与不同风格的客户沟通**

百人百相，千人千面。做营销要面对形形色色的客户，所以客户经理对不同类型的客户需要采用不同的沟通方法，才能赢得不同类型客户的认同。

（1）成熟稳健型

这类客户一般具有丰富的金融产品知识，投资经验多，对产品本身及行情相当了解，遇到疑点一定会追根问底，不容易被客户经理说服。

对策：这一类型的客户虽难缠，但通常是有心人，客户经理沟通时应以“平常心”对待，并就产品品质、银行信誉与独特优点进行详细说明，一切说明须讲求合理与证据，以获得客户的理性信任。成熟稳健型的客户很容易成交，因为他们对银行业务比较了解，但是成交的前提是客户经理比其更专业。

（2）谨慎小心型

这类客户外表严肃、反应冷漠，通常会反复阅读说明书和海报，对客户经理的亲切发问眼观鼻、鼻观心，出言谨慎，甚至一问三不知，唯恐透露自己的秘密。

对策：对待这类客户，客户经理除了详尽地介绍产品外，还须以亲切、诚恳的态度打破他们的心理防线，拉拢他们的感情。面对这样的客户，最好是闲话家常，慢慢了解客户的家庭状况、经济状况和购买意愿。争取客户的信任和依赖感，然后再营销产品，定可收到事半功倍之效。

（3）欠缺经验型

这类客户属于新手上场，对金融产品知道得不多，可能会问东问西，甚至会说出令人发笑的外行话，而且由于缺乏经验、信心不足，不易做出决定。

对策：对待这类客户，客户经理须不厌其烦地解说金融服务方案或产品说明书，并提出信而有证的业绩、品质等保证。态度要诚恳，不要让人产生压迫感和恐惧感。同时，在解释银行的产品和服务时，要用很通俗易懂的语言。

（4）斤斤计较型

这类客户心思细密，非常挑剔，对任何产品都有意见，还喜欢狠狠地杀价，态度十分强硬。

对策：与这类客户沟通时绝对不能太“软”，要利用气氛相“逼”，最好两人以上搭配营销。主要强调产品的优惠，先示以小惠，促其做决定。总体原则就是避开这类客户斤斤计较的关注点，转移他们的注意力。

（5）喜欢炫耀型

这类客户好大喜功，喜欢炫耀，口头禅是“我曾经……”通常盛气凌人、爱端架子，还喜欢提一些无礼的要求，若得不到满足，甚至会言语恐吓客户经理。

对策：与这种类型客户沟通时，要先稳住立场，恭维对方。这类客户特别喜欢戴高帽子，喜欢被人捧得高高在上。客户经理不妨投其所好，加倍奉承，然后再介绍产品特色，说明本产品可以突显客户地位，或衬托出其尊荣等，并趁机寻求其“弱点”，攻心为上。总之，对这类客户听得越充分，称赞越充分，营销就越成功。

## 修炼箴言

BOOK OF PROVERBS

由于人的性格、价值观、生活经历等方面的差异，客户经理与客户之间难免磕磕碰碰，发生冲突。有效的沟通可以使人们懂得相互尊重对方，不仅了解自己的需求与愿望，更懂得换位思考，向对方靠拢。

# 客户维护，让客户保持忠诚度

客户经理的工作职责之一就是维护客户关系，而这种关系的维护是微妙而具体的，客户不会永远忠诚，客户也没有责任忠诚，客户选择留下或走掉，也许就是一瞬间的事情。

客户的行为不总是一成不变的，如果不能做到让客户在情感上对银行有依赖，那么，所谓的客户行为忠诚是不成立的。因为，有些行为是被迫的或无奈的，比如某项业务客户只能到某家银行办理，比如公司业务指定会计必须要到某家银行办理。那么，一旦业务发生变化，客户就可能随时离开。

情感忠诚则不同，由于客户依赖或信赖某个客户经理，客户会随着客户经理的工作变动而追随。这时，客户依赖的是客户经理专业、卓越的服务能力，所以，必须把客户被迫的行为忠诚，争取转移到客户对银行产品的忠诚、对银行服务内容的忠诚、对银行员工服务水平的忠诚。

因此，客户经理需要不断提高服务水平，满足客户的服务需求，既而建立客户的信赖、支持和忠诚。

有些客户似乎在一段时间并未产生重大交易和往来，但不要因此而忽略或怠慢这些客户。有时，培育潜在客户需要客户经理付出耐心和精力。资深咨询机构的统计数据表明，保持一个老客户所需的成本，仅是开拓一个新用户成本的 20%左右。而且，一个企业的主要收入和利润大都来自老客户。所以，维护老客户的成本远远低于开发新客户，因此，即使老客户暂时未表现非常活跃，客户经理仍然要着眼未来，做长期的客户耕耘。

有些客户经理对待客户总是不冷不热、不温不火，说不上多么热情，也很难指出哪里不对，总之，这样的服务和交往不会给客户留下良好而深刻的印象，但每到关键时刻却会对客户表现得热情无比，一旦达成交易又对客户置之不理，这种鼠目寸光的行为很难有长期效应。

方女士的大部分资金往来都在某国有银行。因此，她打算申请一张贵宾卡，因为每次人满为患的排队景象实在让她头疼，而有些业务又不得不去网点办理。

事实上她的账面资金一直非常充分，远远高于银行方面对于贵宾客户的最低资金要求。当然，银行方面从未主动为她办理过贵宾卡。

她提出申请，并填写了相关表格，结果申请提交了 3 个月，仍未等到任何消息。

她决定将所有账户资产全部转到某商业银行，在她转账时终于引起银行方面的重视。

银行的客户经理热情地询问转账的用途和原因，方女士看着客户经理那张无比热情的面孔，突然变得很生气。她想到：许多办理业务的日子，包括申请贵宾卡时都没有获得如此热情的服务，现在，她要离开了，似乎银行方面才觉得可惜。这种热情让她感觉非常不舒服，她没有做出任何回答，坚决地将资金全部转走了。

客户经理就是客户的经理，没有客户就没有客户经理。银行一定要把所有的客户（包括新客户和老客户）分配给所有的客户经理来维护，这就叫做“人户合一”。维护客户的方式有很多，客户经理要灵活运用。

**1. 客户维护责任制**

客户维护的基本方式是将所有客户（纯存款法人客户和达到一定规模的个人客户）分配给客户经理进行开发和维护，逐一落实管户责任，不留一户空白。

客户维护责任制有三种模式：一人多户（一个客户经理分管多个客户）；一人一户（人户合一）；多人一户，即对大型优质客户特别是信贷客户，则实行双线维护制（配备一名高级客户经理和一名客户经理）、多重维护制（总行、省分行、一级分行、支行均配备管护客户经理）和客户维护小组维护制（建立由客户经理和产品经理参加的客户服务小组，为大型客户提供综合服务）。

客户维护责任制的关键在于责任，客户经理和客户服务小组要承担客户维护责任，履行本职职责。首先，要坚持权责利相统一的原则。客户经理按权限分别对现有客户行使客户维护权力，并承担相匹配的责任，同时根据客户维护任务完成情况，将其与客户经理的物质利益挂钩。其次，要全面实行责任追究制度。因客户经理管理不力、风险预警不及时、银企关系处理不当、信贷资金跟踪管理不到位等原因，而人为地造成贷款劣变、债务悬空，优良客户流失、贷款和利息不能按期偿付的，要追究客户经理责任。最后，要全面建立管户责任移交制。客户经理发生工作变动时，要对客户的信用等级、贷款形态、付息状态、风险状况等进行严格认定，认真办好责任移交手续，界定管户责任。

一天，某公司财务负责人丁先生拿着营业执照副本、组织机构代码证、转账支票、现金支票等很多资料来到柜面要求销户。柜员小段接过资料询问道："您好，丁先生，您为什么销户呀？我看您去年在我行的业务往来很多的。""哦，是啊，我们公司搬家了，来这里不太方便。""好的，因为您还有企业网银等业务，得先注销后才能最后销户，建议您先就近开立一般账户，不要耽误了您的资金往来。我先把销户的申请表给您，客户经理随后会联系您的。""好吧，你这位小同志想得还真周到！"

柜员小段把客户的情况马上通知了新任的客户经理王刚。王刚查询了丁先生公司以往的流水，发现半年前往来频繁，资金沉淀量也不小，日常有几百万的存量，经营环保材料，是比较优质的中小企业。注册地点离银行也不远，王刚和丁先生约了时间上门拜访。

王刚首先表达了本人及银行的意愿，就是希望丁先生的公司留下来。"您看，您的公司曾和银行有良好的合作，我们愿意为您继续提供服务，如果有什么需求请您提出来。”经过和客户的沟通，客户经理王刚了解到，丁先生是因为原来的客户经理小田的朋友介绍才来开户的，小田调到支行公司科工作，新任的客户经理打过电话但从没见过面，丁先生没有搬家，只是觉得受到冷落，准备转到亲戚所在的银行开户。了解到这个情况，王刚首先表示诚挚的歉意，因为自己刚刚接手客户经理，正在熟悉业务和客户资料，在此过程中影响了银企合作，自己今后一定多加关注。丁先生看到王刚谦虚、诚恳的态度，打消了销户的念头，在该银行的业务逐渐恢复起来。王刚特别叮嘱柜员，对于老客户仍要热情不减。

不久，丁先生又拿着一堆资料来了，这次来不是销户，而是老板注册了另一家公司，他是来开户的。

在上面这个案例中，客户经理虽然新上任，但热情、真挚，最终打动了客户。值得注意的是，客户经理在轮岗交接之前，应提前主动与企业财务人员联系。如果可能，最好新旧两位经理上门走访大客户，这会让企业感到被重视、安全，也为今后维护客户做好了铺垫。新任的经理应尽快了解企业的特点，做好差异化服务，尽量减少因人员变动引起的客户流失。

**2. 亲自上门拜访**

俗话说“远亲不如近邻”，邻居之间经常上门拜访、沟通交流，感情会比不经常见面的亲戚还要好。走动管理是搞好人际关系的重要手段，客户经理不能在地理上成为客户的近邻，但可以经常上门拜访，成为客户心灵上的近邻。

**3. 社交性联系**

如果等到客户销户时再与他联系，就错失了最佳的维护时机，这就要求客户经理从接触客户开始便与客户保持不间断地社交性联系，不断地了解客户的需要，研究客户的新愿望，向客户表示感谢，表示友谊，同客户建立信任关系。与客户进行社交性联系，既是留住客户的良方妙法，还能让客户介绍新客户。客户经理与客户增进友谊的方式很多，比如：

（1）日常情感关怀

客户经理要将客户维护的工夫下在日常生活中。比如，在重要的节日、客户的生日、客户的重要纪念日时送去问候；收集非金融类客户感兴趣的信息（如餐饮信息、娱乐信息）；和客户聊一些共同话题，如宠物、子女教育；定期（或不定期）征求客户的意见；定期回访客户或邀请客户到银行来坐坐，等等。

（2）发送个性短信

客户经理在节假日给客户发送祝福短信时，不要发送从网上下载的短信模板，对客户来说这些都是重复、没有创意、没有情感、冷冰冰的文字堆积。客户经理要发送内容来自原创的祝福信息，即使文字很朴实，里面包含的却是你发自内心的祝福。这样的信息跳出短信模板之外，会给客户带来不一样的温暖。

（3）及时电话回访

现在人们之间的短信联系很普遍，但是有时打个电话，给客户的感觉就会不一样。客户经理在电话里的笑声可以感染客户，这是无声短信无法达到的效果。

（4）密切信函沟通

客户经理要与客户保持密切的信函联络。比如，在传统节日和其他特殊日子里，给客户发一封问候信；听说客户的孩子高考成绩很好，给客户发一封祝贺信；举行沙龙等活动时，给客户发送邀请函；和客户签约成功后发送一封感谢信，未成交时也要发送感谢信，虽然交易没有成功，客户看到感谢信就会产生歉意，下次你再去营销产品时就是客户的首选；客户抱怨用银行的理财产品之后业绩亏损了，客户经理不能把责任一推了之，要代表银行慎重地给客户写一封致歉信。

还有一种特殊的信函——贺卡。在 21 世纪，邮寄信件和卡片都是很老套的行为，但有时却可以出其不意地带给客户温馨。如果客户在自己的生日、结婚纪念日、升官纪念日里收到来自银行的贺卡，他一定会记忆深刻。

（5）举办联谊活动

客户经理可以时常举办一些活动，比如投资沙龙、美容沙龙、鉴赏沙龙、国宝古董收藏欣赏、宴会、酒会、短途旅行团、观看世博会、理财知识类讲座、行情分析类讲座等，邀请客户参加。

客户经理还可以建立一个贵宾客户俱乐部。在这个俱乐部中，客户经理可以有理由经常组织活动，为客户提供交流的平台。俱乐部中的成员可以来自不同行业、不同地区，但是物以类聚，人以群分，组织一项活动时，要注意邀请同类型的客户参加。

4. **产品售后跟踪**

有些客户对银行不满意，是因为购买商品前后客户经理的态度完全不同。营销始于签约之后，客户经理一定要关注产品售后跟踪的细节。

比较典型的细节有：账户到期提醒、逾期提醒，包括存款到期、信用卡还款、贷款到期等；账户收益提醒，包括提醒客户他现在投资资产的净值是多少，收益率是多少，现在能不能平仓，能不能减仓等等；账户异动信号提醒，包括基金净值异动、分红等；账户止盈止损提醒；定期财富诊断，包括提醒客户所购买产品的相关市场和服务信息的变化、对客户已购买的产品组合定期进行分析与回顾、对已提供给客户的资产配置及理财规划建议进行跟踪与修正；提供客户感兴趣的其他产品和资讯，等等。

5. **完善客户信息**

客户经理需要定期对客户维护计划的执行进度和执行效果进行检查和评估，并根据情况及时对计划进行调整。在客户维护计划执行结束后，客户经理要抓住每次跟客户联系和沟通的机会，不断收集客户信息，将客户信息档案完善。

6. 客户价值提升

客户维护的最终目的就是实现客户价值提升。客户价值是指客户对银行经营效益、业务发展和社会形象等方面的综合贡献。想要提升客户价值，就必须对客户价值进行分析，通过对客户价值分析采取不同的维护政策。

（1）重复营销

当银行有新产品推出时，客户经理应该首选曾经购买过同系列产品的客户，对其进行推介。因为此类客户有过这方面的需求，并且对这种产品已经有一定了解，接受程度会比陌生客户高。但做重复营销有一个很重要的前提条件，就是客户对曾购买过的同类产品或享受过的同类服务没有产生强烈的不满或反感，否则只会适得其反。

（2）交叉营销

对于已经与银行有过业务往来的客户，客户经理可以通过已有的交易，找到能满足类似或相关需求的其他金融产品，进行交叉销售；或者针对与客户交流过程中发现的其他需求，找出更多相关产品进行交叉销售。

（3）升级营销

有一些客户能为银行创造更高的价值，客户经理可以向他们销售级别更高的产品或服务，为客户升级。比如，向存款客户推荐理财产品，向贷款客户推荐综合授信，向普通贵宾卡客户推荐钻石卡，向贷记卡客户推荐贵宾卡，等等。

### 修炼箴言

**真诚的态度是打动客户最好的技巧，一旦与客户建立友好的关系，客户如果有业务和产品需求，我们一定是他的首选。**

# 第十章

# 成交为王
# 让业绩为你说话

促成交易阶段是客户经理既期待又怕受伤害的阶段。期待的是马上可以和客户签约了，惧怕的是遭受客户拒绝，一切努力会付之东流。顺利成交当然是一件快乐的事情，客户经理在这个阶段需要注意的事情有很多。

## 推介产品，好处说够益处说透

当客户经理经过接触开始与客户商谈的时候，如何进行金融产品与服务的介绍显得极为重要。成功的金融产品介绍，能让客户认识到自己的问题和需求，同时认同客户经理提供的金融产品或服务能解决他的问题或者满足他的需求。

传统营销的产品介绍有“三段论介绍法”和“利益介绍法”。三段论介绍法，就是首先说明产品的事实状况，其次将这些事实的性质加以解释说明，最后再阐述产品的利益。利益介绍法，是指首先从实施调查中发掘客户的特殊需求，其次从询问技巧中发掘客户的特殊需求，接下来介绍金融产品的特性（说明金融产品的特点）和优点（说明金融产品功能及特点的优点），最后介绍金融产品的特殊利益（阐述金融产品能够满足客户的特殊需求）。

现代推介产品的方法多种多样，可以运用的方法有很多，如组合营销法、条例法、数字法、比拟法、对比法、实证法、费用最小化、利益最大化等。运用这些独特的技巧和方法，客户经理就可以让自己的介绍脱颖而出，从竞争对手的介绍中“跳”出来。

**1. 组合营销**

组合营销包括本、外币业务一体化，资产、负债、中间业务一体化，批发业务与零售业务一体化，公司业务与个人金融一体化，等等。

组合营销的好处很多，可以提升银行的品牌，可以锁定客户，可以扩大销售、降低成本，最后实现客户、银行与客户经理三方共赢。

（1）如何组合

要想对产品进行组合，首先要将产品进行分类。银行产品可以分为四类：理财类，比如人民币理财、外币理财、基金投资、黄金理财；服务类，比如代发工资、代理业务；融资类，比如贷记卡、贷款；渠道类，比如网上银行、电话银行、转账电话。

对客户进行组合营销，要先对客户进行分类。银行网点对个人客户分类遵循三个原则：首先，陌生客户按年龄分类，分为青年客户、中年客户、老年客户；稍微了解后按职业平台分类，比如法人高管、普通工薪客户、个体私营业主、自由职业者、律师、作家；最后按风险偏好分类，比如激进型、冒险型、稳健性、保守型。

用四大类产品组成营销模板，客户经理做营销时可以随时装在公文包里。给不同的客户提供不同的组合。客户是私营业主，可以做一个融资类的产品组合；客户是公务员，可以做渠道类和融资类结合的贷记卡；普通客户，可以做服务类的产品组合。

组合营销有四个步骤：第一，收集客户的资料；第二，确定目标客户的期望；第三，分析客户的财务现状；第四，整理提出理财的规划建议，执行和回顾理财规划。这就是产品组合和理财规划的对接。

（2）注意事项

在实行组合营销的过程中，客户经理要学会站在客户的角度着想，使客户产生认同感，进而接受和认同客户经理和产品。

比如，一个民营小企业想在银行贷款800万元，客户经理可以这样营销："高老板，您住在乡镇，办业务不方便，我可以给您配个转单电话；您的许多货款需要跨省结算，我再给您办个网上银行，这样结算就很方便了。"

组合营销不是做捆绑销售，而是做组合销售。客户经理在向客户营销产品时，可以根据客户的不同需要，提供不同的理财建议，进而促使客户购买更多的产品。客户使用的产品越多，转移成本就越高，就越离不开银行。

**2. 条例法**

条例法比较适合在开场介绍产品时应用。客户经理必须让客户很快清楚面谈的目的，而且有兴趣继续进行下去。这种介绍方法可以协助客户经理一条条说明产品的特色、好处和利益，系统而清楚地表达意思，避免因紧张而产生手忙脚乱、不知所措的现象，让客户也比较容易理解所听到的内容。

值得注意的是，采用这种方法时，重点不宜太多，最好不要超过三点；每一单项特色不宜用太长的句子说明，最好不超过五句话，否则会影响效果；如果有需要进一步说明的特点时，最好把这个特点单独提出来说。

**3. 数字法**

在介绍产品时，客户经理可以将数字摆在客户面前，将利益数字化，有助于客户明确自己的利益点，这一点对客户非常有吸引力。

比如，“李先生，我要提醒你，你现在一个月只要交 200 多元，未来 20年就有 10万元的寿险保障，外加20万元的意外保障、1万元的全残补助金，另外，20 年满期后还可以领取 10 万元的满期金。”

4. 对比法

如果说运用利益数字法之后引发了客户的兴趣，接下来客户一定会衡量自己的付出与收获。假如客户经理无法让客户很快分析清楚，抑或客户感受不到付出是值得的，客户可能还是会选择拒绝，或者至少会考虑比较长的时间，此时使用对比的方式来强化和突出，可以起到很好的效果。

比如，“陈先生，我们这个理财产品 B 计划，半年期产品收益率为 3. 13%，一年期产品收益率为 3. 96%，分别为同期定期储蓄存款收益的 1. 58 倍和 7. 76 倍。”用目标产品与人们所熟知的产品进行对比，就让客户发现这项产品的卓越之处。

某高速公路贷款项目融资 90 多亿元，如果按照传统的规律，银行的营销方案就是发放长期固定资产贷款，那么它的利息支出是 23. 32 亿元，利率成本是 3. 96%。

某某银行的客户经理提供了三个组合方案给客户选择：

第一个方案，长期固定资产贷款 + 短期贷款，这个方案将为客户节约利息支出成本 2. 7 亿元，利率成本下降到 3. 51%。

第二个方案，长期固定资产贷款 + 短期贷款 + 银行承兑汇票，这个方案将为客户节约利息支出约5.7亿元，利率成本下降到3%。

第三个方案，长期固定资产贷款+短期贷款+银行承兑汇票+短期闲置资金理财，这个方案将为客户节约6亿元的利息支出成本，利率成本下降到2.94%。

客户浏览客户经理的方案后，马上敲定了第三个方案。

**5. 费用最小化、利益最大化**

为了让客户能在很短时间内发现自己的付出是有价值的，客户经理在向客户说明费用时，应该以极小化的方式表达，尽量把费用极小化。比如，把“月缴”转化为“每天只需要多少钱”，把“年缴”转化为“每月只需要多少钱”，让客户有便宜、实惠的感觉。

比如，“张小姐，您用这个定投计划之后，只要每个月花300元，相当于你在外面少吃一顿饭，5年以后你就可以去夏威夷旅游了。”对于客户来说，300元对应着一顿饭，相比之下，去夏威夷旅游就是从天而降的奖励了。

## 修炼箴言

BOOK OF PROVERBS

**成功的销售技巧不是用不实的数据吸引客户，而是在符合事实的前提下，将客户可以获得的最大利益清楚地表示出来。**

## 冷静面对，把拒绝转化为营销机会

客户经理去拜访客户时，客户说没时间；询问客户的需求时，客户隐藏了真正的动机；向客户解说金融产品时，客户带着不以为然的表情……这些都被称为拒绝。客户经理在营销过程中的任何一个举动，都有可能导致客户由于不赞同而提出质疑和拒绝。

拒绝陌生人是人的本能反应，是很正常的现象。营销是从被拒绝开始的，需要经历一个说服客户从不愿意合作到决定合作的过程。每化解一个拒绝，就扫除了一个与客户的障碍，就越接近客户。在遭到新客户拒绝时，客户经理无须太过沮丧，因为这是你了解客户的真正需求，掌握更多信息的天然途径。

多数新入行的客户经理对拒绝都抱着负面看法，甚至对拒绝充满了恐惧。其实，换个角度来体会，拒绝还有另外一层含义：通过对客户拒绝问题的处理，让客户真正了解你，了解你所在的银行，了解你所推介的金融产品，进而达成合作协议。

营销的障碍不一定是客户的“拒绝”，而是客户经理无法理解“拒绝”

的真实原因。客户随口而出的“不”字，可能不是在拒绝，而是意味着“你是否能说得更明白些”或者“我想知道更多的金融产品信息”，客户经理应该善于透过现象看本质，弄清楚客户口中的“不”是不是真的拒绝。

另外，客户今天没有需求，不代表明天没有需求；客户对这个金融产品没有需求，不代表对其他金融产品没有需求；客户拒绝你这个客户经理，不代表拒绝你这个银行；这个财务总监没有需求，不代表今后换个财务总监没有需求。在遇到客户非常坚决地拒绝时，客户经理应该知难而后退、适可而止，同时不要忘记留下名片与宣传资料，回银行后发一封电子邮件或者打一个电话表示感谢，给客户留下好印象，然后把握适当时机，择日再次登门拜访。

了解了客户拒绝的本质，客户经理就可以用积极的心态去处理与化解各种“拒绝”了。在训练处理拒绝时，不仅需要练习技巧，还要注意培养正确的态度。只有对拒绝秉持正确的态度，客户经理才能冷静、沉稳地辨别拒绝的真伪，才能从拒绝中发现客户的需求，从而把拒绝转换为营销机会。

**1. 平常心面对拒绝**

听到客户的意见后，客户经理不可紧张、不可动怒或采取敌对态度，要保持冷静，继续以笑脸相迎，以平常心对待，同时给自己心理暗示：“这次被拒绝没有什么大不了的，一切都会过去，时间会改变一切。”如此才能顶住拒绝的重压，以正确的心态面对拒绝。

**2. 始终忠诚与谦虚**

在学校里，学生要谦虚地接受老师的训导，客户经理在面对客户拒绝时，也应保持诚实与谦虚，放低姿态接受客户的意见，才能使客户推心置腹，才能得到客户的信任和认可。

**3. 有信心与权威感**

在营销活动中，客户经理是金融专家，在向客户阐述专业问题时，应该充满信心。只有自己充满信心，才能得到别人的信任。有“不会被别人问倒”的把握和信心，态度上自然从容镇定，说出话来必然会扣人心弦。

**4. 千万不可争论**

面对客户的拒绝，千万不要与客户争论，因为你的工作是营销产品，目的是成功营销，不是为了与人争输赢。和客户争吵是下下之举，也许可以一吐心中的不平之气，最终却是害人又害己。最好的对策是“一笑了之”，既不能赤裸裸地直接反驳客户，更不能直指或隐指其愚昧无知。

**5. 灵活处理**

客户的拒绝问题千奇百怪，具有较大的随意性。面对客户的拒绝，客户经理没有固定的对策，需要在不同的情境中具体问题具体分析，按照客户拒绝的原因，进行灵活处理。

比如，对于一些与金融无关或者客户随口编造的问题，千万不要当真，否则就会落入“圈套”，导致营销失败；对于一些一时难以回答的问题，暂时搁置，待弄清楚之后再选择合适时机予以回答。

**6. 准备撤退，保留后路**

做营销很少能一次成功，客户提出拒绝很可能是因为时机尚未成熟，此时客户经理应该勇于撤退，避免和客户发生正面冲突，为下次营销留下机会。

## 修炼箴言 BOOK OF PROVERBS

一般来讲，客户提出拒绝，并不代表他将完全不与你所在的银行合作，或许只是表示有些顾虑或想法，是一种保护自我利益的本能行为。作为客户经理，需要分析客户的心理，正确认识客户的拒绝。

# 巧言释疑，把客户的异议变成满意

客户经理在营销的过程中，难免会遇到客户的异议。这时客户经理不要过于慌张，可以暂时忽视客户说的话，在心里鼓励自己，积极思考对策，想办法把客户的异议变成满意。

**1. 处理客户异议的原则**

（1）细心聆听

当客户提出异议时，要细心听取他的谈话内容和措辞，弄清异议的真正含义，然后选择适当的方法做出适当的反应。

（2）理解

明白客户的意思后，要表现出尊重和体谅，表明客户产生这样的想法是可以理解的，使客户产生信任感。

（3）灵活机智

灵活地运用各种技巧，逐步引导客户改变思路，避免与客户争论。

（4）提出方案

客户经理要对自己营销的金融产品与服务有相当的认识，帮助客户体会你设计的金融服务方案能适合他的需要。

（5）尝试成交

提出解决方案后，客户经理可以适时要求客户做出适当行动，尝试成交。

**2. 异议处理的模式**

这里所说的异议处理是客户经理处理所有异议的基本程序，客户经理可以利用这一模式将许多异议变成机会。

（1）重复客户异议

这一步是为了表现已经听取了客户的意见，减轻客户的防御心理。这样做一方面可以缓和气氛，还可以争取一段组织自己想法的时间，从而将被动局面转变为主动局面。

（2）澄清模糊问题

客户提出的异议大部分是一般性的，不太明确，客户经理可以通过对异议的明确确定，准确把握客户的想法，并有针对性地给予满意的答复。

（3）介绍产品知识

异议给客户经理提供了与客户讨论金融产品的时机与服务问题的机会，客户经理应该以明确中肯的方式启发客户，向客户传递产品信息，介绍产品知识。

（4）逐一确认答复

每次对客户异议做出反应的时候，客户经理应该与客户一起检查、确认自己的答复是否解决了客户的疑虑，确认客户对信息的理解和接受程度，确定下一步的努力方向。

### 3. 处理客户异议的方法

冰释客户异议的方法有很多，比如，列举其他客户成功的案例，向客户证明自己银行的产品有保证。客户由于见面太频繁而产生厌倦感，可以用冷处理法淡化一下热度，给客户一个心理空间。除此之外，还有一些很具体的方法，如除疑去误法、让步处理法、以优补劣法、讨教客户法、以退为进法和以柔克刚法等。

（1）除疑去误法

人与人的思维方式不同，误解的产生也就在所难免。在营销过程中也会产生误解，客户或许由于不了解产品或服务，或许不了解银行的实力，就会对客户经理的工作产生疑问。面对这种情况，客户经理应该耐心解释，消除客户的疑问。

目标客户：“保本基金怎么还会亏损啊？”

客户经理：“先生，我和您说明一下：保本基金一般都是有期限的。您持有保本基金到招募书上规定的期限之前，产生的亏损都由基金公司承担，您的本金不会有损失。但是如果您提前赎回的话，这部分的风险就要由您自己承担了。”

（2）让步处理法

让步处理法也叫做肯定否定法，是指在一定程度上承认客户的看法，然后在此基础上根据有关事实和理由间接否定客户的反对意见。也就是把否定隐藏在肯定之后，先肯定客户，再委婉地表述自己的否定观点。营销中遭遇客户异议时，客户经理要学会先缓和客户的情绪，用自己的反应来认同客户，比如点头、微笑、说“是的”，进而给自己时间理清思路，找准时机阐明观点。

情景一

目标客户：“今年整体大环境不好，我不想投资基金。”

客户经理：“是的，我觉得您说得有道理，今年形势的确有可能像您说的这样，但是这种情况反而是主动型基金表现的机会。”（拿出相应的数据向客户演示和说明）

情景二

客户经理：“郑老板，您好！我们行正在销售的实物黄金产品质地优良，来自于优质的黄金公司。”

目标客户：“可是我觉得你们银行黄金的包装太差了。”

客户经理：“郑老板，你可真有眼光啊，我们更注重的是黄金的品质。”

目标客户：“可是你这边黄金的报价，好像比商场销售的黄金要贵一些吧？”

客户经理：“郑老板，我们卖的是贵金属，不仅可以保值，还有艺术价值和收藏价值，所以它物有所值。同时，我们这种黄金产品是专为你这样的亿万富翁定做的，一般客户根本买不到的。”

目标客户："那你们的黄金品质有保证吗？会不会有假货啊？"

客户经理："郑老板，你可真幽默！我们银行是信用企业，有国家信用做保证。同时，为了防止黄金有假货，我们银行一直都是直销，直接从黄金公司进来的，这一点请您绝对放心！"

用让步处理法（肯定否定法）肯定客户时，也要根据客户否定的内容采用不同的应对话术。比如，前两句对话中可以用赞美术肯定客户的说法，第二个场景就不适用，因为客户是对黄金的质量提出质疑，这时赞美客户就是在肯定客户对产品品质的否定，不利于下面话题的展开。

（3）以优补劣法

以优补劣法也叫做转换意思法，利用产品或服务的优点来弥补其缺点，以此淡化客户的反对意见。也可以利用客户的反对意见本身处理客户的反对意见，即将自己的说辞建立在客户的异议之上，然后说服客户。

情景一

目标客户："你们的网上银行操作太复杂了，非常不方便！"

客户经理："是的，为了保障你的资金安全，我们采取了必要的安全措施，其实操作起来并不复杂。我来帮您演示一下。"

情景二

目标客户："我对理财不感兴趣，我没时间理财。"

客户经理："您的确是个大忙人。工作的目的是赚钱，理财的目的也是为资产增值，我们的目标是一致的。我的工作就是为忙碌的您提供专业的金融咨询服务，让您可以把更多时间留给您的事业和家人。”

（4）讨教客户法

讨教客户法也叫做认真倾听法，是指在遇到客户的反对意见时，客户经理可以积极地向客户讨教，达到在讨论中化解反对意见的目的。这个方法的使用要点是做客户的听众，认真地倾听，给客户尊重的感觉，在倾听中找出客户的需求点进行营销。

（5）以柔克刚法

凡是客户说的话，客户经理应该采用接受、认同甚至赞美的话来回答。接受、认同和赞美，三者在程度上有所区别，如果内心不认同客户的观点，可以采用接受的方式；如果客户对理财的认识比较专业，就可以采用认同或赞美的方式。

目标客户：“现在投资基金的风险很大，我不想冒这个风险。”

客户经理：“是的，李先生，我能体会您的感受。”

目标客户：“我觉得现在行情不好，买基金风险太高。”

客户经理：“李先生，您的看法很专业，我很认同你的说法。”

目标客户：“我认为投资额度符不符合实际需求，比选择产品种类更重要。”

客户经理：“李先生，你的想法真的很专业，我第一次碰到像李先生这么懂行的人，真是太高兴了。”

（6）以退为进法

以退为进法也叫做转移话题法、太极法。两岁的小孩子拿着剪刀玩耍，很容易发生危险，母亲想要让他把剪刀放下，如果直接去抢，反而容易伤着孩子，因为孩子正玩得高兴，更没有危险的意识，他会不自觉地抵抗。聪明的妈妈会拿新玩具转移孩子的注意力，然后趁孩子不注意，把剪刀从孩子手里拿过来。

营销活动也一样，当客户经理尝试促成被拒绝之后，与其直接地反驳客户，不如转移话题，先将产品放在一边，和客户聊聊别的，让客户放松警惕，放下戒备心。聊到客户放松时，再试着慢慢切回正题，继续尝试营销。

目标客户：“谢谢你，我的信用卡已经有很多张了，不需要再办了。”

客户经理：“好的，既然李先生没什么兴趣，我当然不能勉强您。只是我要说明的是，我们这张卡强调失卡零风险，尤其是在国外旅行的时候，您就会发现这张卡真的跟其他银行的信用卡不一样。我们就有一个客户，曾经在国外遗失皮夹，身上的信用卡也都遗失了，当时这位客户碰到了许多麻烦，只有我们这张卡让他没有发生任何财产损失，让他感到最安心、最满意。”

## 修炼箴言 BOOK OF PROVERBS

以实事求是的态度倾听，用婉转迂回的方式沟通，是优秀销售员在面对客户提出异议时经常使用的方法。使用先肯定后否定的迂回战术，销售员既表达了自己的观点又不伤害与客户之间的关系，销售工作自然能继续开展下去。

# 把握机会，快速达成交易

对于客户经理来说，把握促成成交时机是至关重要的，过早或者过晚都会影响成交的质量和成败。

**1．识别客户的成交信号**

当目标客户决定签约时，往往会通过外部表现来传递购买信号，富于警觉和善于感知他人态度变化的客户经理，能够根据这些信号来判断成交的“火候”和时机。

一般来说，客户的购买意图常常通过语言、行为、表情等表现出来，有些是有意表示的，有些则是无意流露的，后者更需要客户经理及时发现。通常客户成交信号可以分为语言信号、行为信号、表情信号三种。

（1）语言信号

归纳来说，客户的语言信号主要有以下几种情况

提出一些与产品或者服务相关的问题，讲述一些参与意见。

比如，“你们的现金管理业务，能不能上客户端？”“每个月定投3000块钱，

我觉得还是多了点，能不能调整一下？”

打听有关金融产品与服务的详细情况。

比如，“你们这张卡的年费是多少？我一年刷卡到多少额度能免年费？”

提出研究合作协议的具体条款。

比如，“你们中间业务的报价能不能再优惠一点？”

语言信号的种类很多，有表示赞叹的，有表示惊奇的，有表示欣赏的，有表示询问的，也有表示反对意见的。应当注意的是，反对意见比较复杂，有些是成交的信号，有些不是，客户经理要视具体情况进行分析。总之，只要客户经理有意捕捉和诱发客户的语言信号，就可以顺利促成交易。

（2）行为信号

客户有意购买的时候，通常会通过一系列行为来传递信号。比如：

频频点头；

身体前倾，更加靠近客户经理；

再次查看产品说明书、金融服务方案书、合作协议书草案；

提出开户申请、贷款申请的需求；

讨价还价。

客户经理要仔细观察客户的行为，并根据其变化趋势，利用相应策略、技巧加以诱导，促成营销。

（3）表情信号

人的表情很丰富，喜怒哀乐尽在其中，客户的情绪也会通过面部表情传递出来。眼睛注视、嘴角微翘或点头赞许都与客户的心理感受有关，均可视为成交信号。

总之，客户的语言、面部表情和一举一动都在表明他们的想法，客户经理定要及时发现、理解、利用客户表露出来的成交信号，把握好机会，促成成交。

**2. 促使成交的方法**

成交的方法很多，客户经理要学会灵活运用。下面列举七种方法，供大家参考。

（1）目标导向法

目标导向法是指最终目标只有一个，但是达到目标的方法却有很多种。目标导向法适用于任何产品的销售。

以销售较高单价的保险为例，如果客户经理的目标在 200 万元保额或是每月 3000 元的保费，就可以应用几种不同的问法：

第一种：您要保额 100 万还是 200 万？

第二种：您要保额 200 万还是 300 万？

第三种：您要保额 200 万还是 400 万？

第四种：您一个月要存 2000 还是 3000？

第五种：您一个月要存 3000 还是 4000？

第六种：您一个月要存 3000 还是 6000？

根据成交客户群的统计结果，以上六种问法最后答案产生的概率分别是：

第一种：选择 100 万与 200 万的概率是 65%：35%

第二种：选择 200 万与 300 万的概率是 70%：30%

第三种：选择 200 万与 400 万的概率是 90%：10%

第四种：选择 2000 与 3000 的概率是 45%：55%

第五种：选择 3000 与 4000 的概率是 55%：45%

第六种：选择 3000 与 6000 的概率是 75%：25%

以上数据表明：假如客户经理选择保额发问，客户会有花钱买东西的联想，就会倾向于最低额度，金额越大就越明显。当客户经理将两个金额刻意拉大距离时，客户选择小金额的概率会急剧增加。假如客户经理选择以存款的概念发问，客户比较接受向上提升的建议，当客户经理将两个金额刻意拉大距离时，选择小金额概率则会因为实际能力的限制而增加。

（2）“二择一”法

“二择一”法是巧妙利用人类微妙心理促成交易的方法。在即将成交时，客户经理要做营销的推动方，主动给客户提出两个建议，让客户进行选择，促使目标客户做出决定性的行动。只有一个建议会让客户产生被动感，建议太多反而容易让客户无法选择，所以两个建议是最佳选择。

“二择一”法的问话方式也很讲究，千万不要问“要不要”。同样是早餐摊上卖鸡蛋的小商贩，有的人问：“您是要一个鸡蛋还是两个鸡蛋？”有的人问：“您要不要鸡蛋？”前者的销量明显大于后者。因为前一种问法会给人一种心理暗示：至少买一个鸡蛋，后一种问法让人有了可以不买的选择。

在银行营销中，客户经理可以用这样的问话方式：

“您要买基金，是买 10 万还是 20 万？”

“您要确定的保险额度是 200 万还是 300 万？”

“您喜欢您的分公司从下自上将销售资金汇划给总公司，还是由总公司直接从分公司账上扣划资金？”

“二择一”法促成交易有很强的操作性，可以有效地控制场面，避免客户偏离原先设定的营销方案，客户经理不妨经常采用。

（3）投石问路（征询）法

投石问路（征询）法是指通过设计提问来激发潜在客户的反应，而不是咄咄逼人地迫使客户做出明确的购买决策。

比如，可以提问：“我们还需要讨论什么问题呢？”若目标客户做出否定回答，就表明他将要做出购买决策了。如果客户回答“我已经提供了所有相关信息”或“我想你们提出了一个非常好的金融服务方案”，就可以进一步促使他做出购买决策。

这种方法所采用的提问不是直接促成交易，却能够使客户经理知道如何去促成交易。比如，“请问影响达成协议的主要问题是什么？”给对方一个机会，说出未能达成交易的原因。

（4）直接请求法

面对顾虑很多的客户，客户经理就需要讲究策略，步步为营；然而有的客户却十分直爽，这些客户也喜欢和爽快人打交道，这时客户经理就可以表现得谦虚一点，直接向客户提出请求。

直接请求成交是一种最简单也最常见的成交方法。比如，“汪老板，我一看就知道您很够哥们，我这个人大学毕业才一年多，刚参加银行工作不久，您这个项目就算是带我这个徒弟吧。”这种方法使用起来比较自然，也容易表述，不带丝毫勉强之意，会让客户觉得很舒服。

值得注意的是，客户经理在直接提出成交请求时，必须看准成交时机是否已经成熟，并注意自己的言辞和态度，从而加深客户的信任。

（5）实证借鉴法

这种策略是指客户经理运用事实依据证明客户的异议不能成立，从而促使客户做出购买决策。当客户就某一问题提出异议时，如果客户经理能够证明该异议在客观上不可能存在，就能与目标客户成交了。

目标客户："你们网上银行系统的效果是否理想？"

客户经理："如果我能演示这种网上银行系统，而且确定能够达到您所追求的效果，您是否能马上做出签约决定？"

目标客户："是的。效果好就签。"

客户经理立即为客户进行演示，最终成功签订了合约。

这种策略的另外一种方式是向目标客户介绍一个没有竞争关系的已成交客户。人们会吸取别人失败的教训，同样也会学习别人成功的经验，现实的例子远比空泛的叙述更有说服力

比如，"邓老板，某公司的王总是您的好朋友，你们是东北老乡，他用了我们的网上银行，现在货款回流的速度很快，资金周转情况也非常好，而且他公司的财务管理越来越规范了，我们要不要一起到他的公司去看一看？"客户经理需要详细描述该客户的情况（不要泄露对方的商业秘密），以便使

目标客户感到身临其境，具有参照和借鉴作用。

（6）优惠诱导法

优惠诱导法就是同等产品用低于其他银行的价格销售，或者是同等价格的产品优于别人的服务来吸引客户注意。

每个客户心里都有一杆秤，同等价格的两个商品，任何人都会选择质量优、服务好的那个。优惠诱导法就是利用了客户的这种心理来营销。比如，“我们的贷款报价是所有银行里最优惠的”、“我们的中间业务收费是非常优惠的”。

（7）期限成交法

期限成交法也叫做激将法。企业家看中的是投资机会，机会都是不等人的，客户经理就可以利用这一点来“激”客户成交。有些时候，对于某些客户适当地运用激将法，反而能激起对方的购买决心。比如，提醒对方你所做出的让步是很大的，达成协议是明智之举。

企业家考虑的核心问题不是贷款利率成本，而是瞬间即逝的投资机会。用机会成本来促成企业家成交，就可以达到很好的效果，这就是期限成交法的原理。

例如，客户经理在面临成交时可以这样说：“金老板，这 1 亿元的贷款，我建议您 7 月份赶快贷到账上，您的受托支付我们已经给您办好了，现在国家对金融宏观调控越来越严格，您再不到账，8 月份就不一定有资金了。”金老板是生意人，看重的是机会成本，而不是利率成本，因此很容易达成交易。

## 修炼箴言 BOOK OF PROVERBS

中国人非常讲面子，客户经理在与客户的交往中，一定要注意保全客户的面子。只有客户有面子，客户经理才会有面子。在营销中，即使交易成功了，但在交易的过程中让客户感觉丢了面子，客户经理也就没有下次营销的机会了。

# 第十一章

## 春风化雨

## 化解冲突的艺术

谁都不希望面对客户的抱怨和投诉，但在现实中这却是一个不容回避的问题。既然不能回避，银行职员就应调整好心态，用正确的态度和方法来化解客户的不满。

## 正视投诉，从中收获积极的信息

客户投诉，对银行来讲，永远在所难免。那么投诉到底是坏事还是好事？面对投诉，有的银行回避，有的银行应付，有的银行欢迎，有的银行感谢。这也反映出了投诉问题的严肃性和敏感性。

应该说，投诉首先不是让人喜闻乐见的事，因为有投诉，说明服务还有问题。但也是好事，更是机会！客户投诉会促使我们的服务质量增长，良好的投诉解决甚至会促成客户成为长期忠诚客户。但如果对客户投诉置之不理，后果很严重的事情也并不少见。

正如微软公司总裁比尔·盖茨警告的那样：“如果一个客户不喜欢某个产品或是对卖主的服务态度及方式不满意，他极有可能给他所有的朋友都发电子邮件叙述此事，或者在极其繁忙的电子公告板上贴出一张帖子。”

作为一个银行，所有的硬件都可以用钱买到：全世界最好的设备、全世界最好的技术、全世界最好的人才……唯有客户资源是买不到的，因为那是客户的心。所以，只能用优质服务取胜。而投诉的产生，一方面是提醒我们：

这里做得还不够，客户的利益受损了；另一方面也是帮助我们提升和成功。

曾经有位美国记者采访海尔经验时问：“海尔为什么能够如此成功？”

当时，海尔的代表人回答：“海尔之所以成功，是因为我们不断地在帮助我们的用户成功，在用户成功的过程中自身也获得了成功。同时，用户也用投诉和反馈帮我们更成功。”

确实如此，投诉是联系客户和银行的纽带，它能为我们提供许多有益的信息。丹麦的一家咨询公司的主席曾说：“我们相信客户的抱怨和投诉是珍贵的礼物。客户不厌其烦地提出抱怨、投诉，是把我们在服务或产品上的疏忽之处告诉我们。”

2006年6月，有位气质文雅的先生来到某银行营业部保管箱（地下一楼）办理业务。办完业务后，他对银行工作人员说：“你们的保管箱库房应该有一个环境检测报告。国外的银行库房都有类似的检测报告，并且进行公示，以证明氡气和辐射等指标对人体无害。这样做对你们员工好，客户看了也放心。”

随后，他在意见簿上写道：“请领导注意检测一下地下室的放射性物质是否超标，氡气含量是否合格，以保护好贵行员工的身体健康不受伤害。”

经过室内环境监测中心检测，地下室内空气中氡的浓度、石材放射性核素水平都合格。银行将检测报告悬挂于保管箱厅内明显的位置上，向客户公示。

当银行工作人员将检测结果告诉先生时，他非常满意，后来又特地在意见簿上写道："贵行领导对我提的小小建议如此重视，而且处理得如此之快，看出贵领导已居世界顶级管理水平，非常佩服！望在其他软硬件管理上更上一层楼。"

常言道：当局者迷，旁观者清。该客户提出了一个我们平时察觉不到、容易忽视但又非常重要的建议。环境问题，对客户和员工都非常重要，因为谁都知道，健康是第一位的。如果我们的营业环境放射性元素超标，后果不堪设想。这位老先生当是某业内人士，所以才给出了如此中肯且适当的意见。

## 修炼箴言

BOOK OF PROVERBS

**很多时候，提出抱怨或者投诉的客户，恰恰是帮助我们换个角度看问题的契机。所以，正视投诉，学会换位思考，敏锐地把握客户在抱怨和投诉中体现出的市场信息，是让我们的服务更上一层楼的保障。**

## 迅速处理，及时平息客户的怒火

当发生客户投诉的时候，银行职员应该迅速受理，绝不拖延，这是第一个要素。避免对客户说“请您等一下”，因为你并不了解这位客户的性格，这个投诉对他的生活以及工作有多大影响。

其实，很多本来可以一次解决的问题，往往是因为客户提出抱怨或者投诉时，被怠慢而升级为更严重的事故。

反之，即使是让客户非常不满的问题，如果银行工作人员能够快速受理，即使因为其他原因，不能立刻将问题解决，至少也表达了解决问题的诚意，可以安抚客户的情绪，避免矛盾激化。一旦接到客户的投诉，绝不拖拉，第一时间受理才是解决问题的关键。

客户在投诉时，多带有强烈的感情色彩，具有发泄性质，因此要及时平息客户的怨气。即便工作人员很及时地受理了投诉，还是有可能会遇到客户发脾气的情况。客户会因为你的及时受理不再增添新的火气，但及时并不足以让客户不发脾气。这个时候千万不要试图去制止客户的火气，尊重他，先表示歉意，让他发泄。客户之所以动气是因为遇到了问题，你漠不关心或据理力争，找借口或拒绝，只会火上加油，适时地表示歉意会收到意想不到的效果。

当然，在当客户的出气筒的同时，更重要的是倾听，这会帮助你了解客户的真正意图。

通过客户的抱怨，我们能了解他所认为的真正问题是什么，他这次投诉真正要达到的结果是什么。处理投诉时，千万不要主观地认为客户是遇到了什么问题，也不能单纯地从语言进行判断，而一定要结合客户的个性特点，通过他关注的焦点进行分析归纳，同时换位思考，力求从客户的角度来看问题，以实现共鸣。

在适当的时候，可以向客户表示同情。可以在客户的话语中，找出双方同意的观点，表明你是理解他的。如果对方知道你的确关心他的问题，也了解他的心情，怒气便会削减一半。

饶先生在楼下收信箱里看到一封某银行寄来的贷款明细单，地址楼号与自己家的一样，但收件人却是另一个人。饶先生从来就没有在这家支行贷过款，为了查明此楼房是不是一房二贷，饶先生致电查明原由。

客户经理：“您好！请问有什么可帮到您的？”

饶先生：“我收到你们寄来的贷款明细单，可我从没在你们那里贷过款啊？”

客户经理："我们不会错的，我是按柜台部录入的资料邮寄的，你打柜台部电话问吧。"

饶先生打到柜台部，柜台部人员马上回复："我们不可能错，所有的资料都经过客户经理仔细核对过了。"

饶先生无奈向上级部门反映，行长责成该支行再次核实。后来经查对，是柜台部人员将F栋楼录成E栋楼。但柜员部人员认为是客户经理未仔细核对贷款人姓名和地址才产生错误的。饶先生想：既然他们都没错，到底是谁错了？

其实这样的事情，完全可以第一时间处理完毕。

当接到客户的质疑电话时，客户经理应该回答："请稍等，我们查一下，会在15分钟内给你回复，您看这样可以吗？"

然后，客户经理到柜台部核查贷款人资料，发现差错后立即更正。

之后，客户经理再打电话表示歉意，并提出补偿："饶先生，非常抱歉，给您添麻烦了，是我们疏忽将收件人地址录错了。对此，还麻烦您打电话来，真是不好意思，为表示我们的歉意和感谢您对我们工作的支持，我们将寄上一份纪念品，饶先生，再次表示歉意和感谢。"

在上面的事例中，那位客户经理面对客户的不满，先是马上给出答复的时间表，在查出问题后，态度诚恳地认错，然后没等客户开口，就主动提出弥补的方案，有先有后，积极主动，一下子就把客户的不满给解决了。

银行职员在接到客户投诉或抱怨时，都要坚持这样的处理原则：体谅客户的情绪，尊重客户的意见，使客户的不满与抱怨能够得到重要和妥善的处理。具体来说，银行职员在处理客户抱怨时应遵循下列步骤。

**1. 以真诚的态度仔细倾听客户的抱怨**

用关怀的眼神看着客户，用真诚的态度对待客户，不但专心倾听，还要将对方的谈话进行整理和归纳，如："您的意思是因为……而觉得很不满是吗？"、"总起来讲，主要有如下几点令您不满意……是吗？"

**2. 对客户的抱怨表示感谢，并解释为什么**

当客户抱怨时，应该首先说声谢谢，因为客户愿意花时间和精力来抱怨，让自己有改进的机会，这当然应该感谢他们。如此做，可以让对方的敌意骤降。然后，再做必要的解释，以求得客户的谅解。

**3. 真心诚意道歉**

一旦发现是自己造成的错误，要赶快为此事真诚致歉，即使错误与自己无关，也要对客户的麻烦表示同情和歉意，例如，"很抱歉让您这么不开心……"

**4. 承诺将立即处理**

道歉后，要积极表示处理此事的诚意，如"我一定会尽快帮您处理好这个问题……"

如需要询问细节及其他相关信息，别忘了先说："为了能尽快为您服务，要向您请教一些数据……"但千万不要直接咄咄逼人地问客户问题。

**5. 提出解决方法、计划及时间表**

在提出解决方法之前，销售员要将决定权交给客户："我们某月某日将这样做，请问您是否同意？"如果把决定权交在客户手上，他会感觉受到尊重而消除怒气，接着就得快速解决问题。但要注意，千万别自作主张：“就这么办……”要是这么一说，客户的对立情绪则得不到缓解。

**6. 给客户带来的问题进行适当的补偿**

除了解决客户的问题外，还要额外做出适当补偿，这往往可以让客户收获意外的惊喜。其实，有抱怨的客户往往只希望能获得令人满意的问题解决方案，他们的要求并不多。如果能给其一定的优惠，可以帮助客户尽快遗忘所出现的问题。

## 修炼箴言 BOOK OF PROVERBS

**人与人之间的相互理解是化解矛盾的良药，处理抱怨和投诉的精髓，就是“谁错不重要，客户满意最重要”。**

## 灵活应对，消弭客户的不满

银行职员的工作中，无论怎样小心谨慎，总会遇到客户各种各样的不满。其中虽然确有银行的过错，但也不乏蛮不讲理的或者脾气大的客户故意刁难。

某银行女业务员王蕊帮一位中年男子办理完业务时，不小心将银行卡掉在地上。该男子大为不满，与王蕊发生争执。其后，为了报复，该男子捡起银行卡递给王蕊，要求取100次9分的，再存100次。

王蕊没有拒绝这位男子的要求，开始办理每笔9分的取款业务。取一次钱，王蕊需刷卡、输入金额、打单子各一次，中年男子也要签字、输密码。无论其他工作人员如何劝说，而该男子仍然坚持要重复每笔9分的取款业务，还对王蕊说："我把你认到了，只要你上班，我就坐在你面前一分一分地取，反正我有的是时间跟你耗。"

最后，该支行领导、主任陆续赶到现场，赔礼道歉，中年男子才同意停办每笔9分的取款业务，然而此时，这笔"业务"，已经进行了27次之多。

9元钱要存100次取100次，这绝不是一笔银行必须接受的正常业务，明显带有刁难性质。但是作为柜员的王蕊却不敢也不能理直气壮地予以拒绝，因为它符合银行服务的要求。

这样的事情在营业厅时有发生。现在在一般人心目中，银行是机构，是强者，客户是弱者。面对纠纷，不论对错，都要求银行承担责任。所以，在这种情况下，银行服务人员再有理也变成了无理，而客户再无理也可披上合理、合法的外衣。

不可否认，面对一位有情绪的客户，有时候讲理是没有用的，那么，如何妥善的应对客户的不满呢？

其实，上述案例中让客户产生不满的事件本身往往并没有多重要，处理好问题的关键在于服务人员应对的方式。如果问题获得了良好的处理，银行就可以赢得美誉。毕竟，客户最终获得的幸福程度是与开始带来的不满状况成正比的。也就是说，客户对面临的情况越是不满，当获得解决后，就越有可能变成忠实客户。灵活应对客户的工作可以分为三个阶段：

**1. 尽力化解**

不管让客户不满情绪的具体内容是什么，服务人员说出的第一句话都应当起到减轻压力而不是提高不满的作用。这里的工作就涉及某些客气短语的有效使用：

“希望您再给次机会，让我可以尽力提供帮助。”这样的说服非常有效，它可以让客户意识到不应当马上就作出最终结论。实际上，这种说法既没有表示道歉，也没有作出承诺，甚至没有保证肯定可以满足客户提出的要求。它只是简单的指出，我们确实希望提供帮助，并鼓励客户针对不满的服务提出问题。对于服务人员来说，能够做到这一点就等于成功了一半。

**2. 任何时间都绝对不要推诿问题**

面对客户的不满情绪，可能采取的处理措施中，最糟糕的选择要属推三阻四，它会让客户感受到银行正试图进行狡辩或者对抗。尽管在所有类型的服务交流中，它都会表现出来，但对于气势汹汹前来问罪的客户来说，这么做带来的负面效果尤其明显。

实际上，客户的对与错以及银行的实际策略等问题的实际内容是什么在这里一点也不重要——只要客户认为服务人员的语气表明不存在让问题获得解决的真正愿望的话，所作出的自然反应就是继续制造更多的麻烦。即便最终的事实证明，客户属于错误的情况并且确实没有什么可能来提供帮助，银行服务人员如果选择推诿，只能让结果变得更加糟糕。

**3. 做些力所能及的实事**

有时候，确实会碰到让客户产生不满的问题，是营业厅柜员或者大堂经理无力解决的。但是即便如此，只要用心去找，还是可以为客户做些实事的。虽然它可能不会是客户希望获得的解决方案，但是在应对客户不满情绪的时候，最关键的核心就在于只要做事就比什么也不做好。毕竟，对于气势汹汹前来问罪的客户来说，什么都不做就意味着不满绝不会自动消失。

当然，确实存在着某些客户纯粹属于不可理喻的情况，让他们产生不满的问题纯属无中生有，甚至会遇到怎么也不会满意的顽固客户。但这种情况的范围并没有想象的那么普遍。绝大部分客户的不满，都至少存在一种正常要求并需要获得服务的心理预期。

因此，只要理性分析，灵活应对，客户的不满情绪其实没有那么复杂！

## 修炼箴言 BOOK OF PROVERBS

**银行职员应以“严格、认真、主动、高效”的工作作风去处理投诉问题，并从中查找原因，扎扎实实地提高工作效率。这样就可以变坏事为好事，从根本上减少投诉。**

## 理性耐心，安抚难缠的客户

银行职员在工作中，最头疼的就是遇到难缠的客户。在现实中，一个原本很理性的客户在不满的时候可能会变得不讲道理。然而从根本上说，他还是有理智的，在发泄了情绪并且得到尊重之后，他会恢复理智，冷静地处理问题。应该说，这样的客户在投诉中还是占大多数，用常规的投诉处理步骤解决问题即可。

但是，还有的客户本来就很难沟通，在日常生活中，经常会用一种用分裂的破坏性手段使别人注意他的心理需求。

银行职员在面对难缠客户时，首先要有耐心，尽量不要与客户正面对峙，更不可争吵。当客户生气、抱怨时要认真倾听，不要作负面反应或负面设想。在跟客户沟通时，一定不要提高嗓门。只要客户有意见，不论是否合理，先让他提出来，再与客户一起找出问题的关键所在。这是化解矛盾的契机，也是改进服务质量的重要手段。

客户在投诉时情绪激烈，经常会针对工作人员恶言相向，但我们不能反唇相讥，把矛头直接指向客户本人，那样就不再是就事论事，而是互相之间的一种人身攻击。比如这样的对话：

客户："你怎么这样，我头一回碰到你这样的银行员工！"

银行职员："我在银行干了三年多了，也没见过你这样的客户，别人什么事都没有，怎么就你这么多事呀？"

客户："你们银行的服务问题太大了。我要向上级投诉！"

银行职员："我不是已经跟你说了吗，对不对，我不是已经给你解决了吗，你干吗还不满意？"

要记住，客户服务人员在说话的时候，始终不能触及个人。因为不论情绪如何不好，客户并不是对你这个人有意见，而是对银行的产品或者服务有意见，至少从表面看是这样的。

所以，在处理投诉，特别是面对难缠客户时，一定要时刻提醒自己，告诉自己，我要做一个问题的解决者，我的工作是解决问题，做到对事不对人。在处理投诉的时候要解决问题，当你把问题解决了的时候，投诉自然就被化解了。

如果客户坚持无理要求，那么就告诉客户你能做什么，而不是你不能做什么。

难缠客户之所以麻烦，很大原因是他们还会提出一些根本不可能满足的要求，如果服务人员告诉他这是无法满足的要求，客户就很容易翻脸。此时，要注意说话的方式方法。不要直接回绝，也不要说“不行”或者“不能”这样的字眼，而是告诉他我们可做到的是什么。如果客户一直坚持他的要求，那么礼貌地重复你能做到什么。如果客户放弃了，投诉处理就结束了。如果依然不放弃，那就可能牵扯到你的上级主管来解决。

一天，一位客户来取钱，发现营业厅已经人满为患。他自己拿到的等号条上面显示，前面还有 145 个人。但这样的情况，银行居然只开了两个窗口在办理业务。而其他窗口后的柜员，或者在懒洋洋地整理文件，或者无所事事。

看到这样的情况，这位客户向大堂经理提出：是不是可以多开几个窗口。大堂经理随口答应说“好”。但十几分钟过去了，也没有见到另开窗口。

客户急了，在大厅里搬了一把椅子，坐在了门口。每当有人来，他就拦住，说：“这里人很多了，去别的银行吧。”很多客户看到这个情况便走了。

保安过来交涉，这位客户反而来了精神，大吵大闹，说：“反正今天我也不想取钱了，我就干扰你们了，怎么样？”

这时，交接班的大堂经理李某刚刚进门，看到这个情况，二话不说，上去挽住客户的手道：“先生，您在这里吵影响不好，我是大堂经理，我陪你去找营业厅负责经理，我们去他办公室吵！”

客户一愣，被拉走了。营业厅秩序恢复了正常，而客户也在经理办公室喝了杯茶后冷静了情绪。一场可能会出现冲突的风波消弭于无形。

上述案例中，客户不满情绪的升级源于值班经理的懈怠，让客户觉得自己的意见不被重视，所以采取了极端的报复手段。试想，如果当时值班经理认真对待客户的建议，和上级领导商量增开窗口，即使真的不能增开，也向客户说明情况请客户体谅，又何至于出现客户堵门这样的闹剧？

## 修炼箴言 BOOK OF PROVERBS

**不论哪种难缠客户，都是不容易沟通的，需要银行职员用更大的理性和更多的耐心，才能处理好他们的抱怨和投诉，进而赢得他们的满意度。**

# 第十二章 学会减压 轻松工作，快乐生活

工作的压力、客户的抱怨以及对职业前途的担心，常常使银行职员背负了太多的精神压力。其实，压力无所不在，银行职员应该调整好自己的心态、控制好自己的情绪，学会减压，让自己能够轻松工作，快乐生活。

## 及时自省，你是否患上“银行职业病”

银行存在一个进入壁垒，除了社会声誉、收入待遇等原因外，银行对职员学历的要求较高，这使得很多人很难进入这个行业，银行的岗位逐渐变成了充满竞争的岗位。可是很多人费了九牛二虎之力进入了银行，却很快发现银行与自己原来想的不一样，这便容易诱发职场病。

而在银行工作的时间一长，你就会发现，职业转换的成本很高。出了银行你会发觉自己除了银行业务之外，别的事情都不会做，这会让你备受打击。

银行的工作确实让人羡慕，然而，每一个银行从业者的个人经历都是一段短暂而又漫长、快乐而又疲惫、荣耀而又辛酸的故事，有的人甚至被职场病折磨得死去活来。

张女士是北京一所大学工商管理专业的本科毕业生，进银行工作将近三年，一直在一线做柜员。刚进银行的时候，面对人们羡慕的眼光，她确实激动、骄傲了好一阵子。

但随着时间的推移，整天面对单调的工作，她曾经燃烧的激情渐渐冷却下来，甚至接近熄灭。她常常感叹：“整天点钱，啥时候能点出个头啊！”

她曾经想要干一番事业，要把自己的知识用到工作实践中，要做银行的管理者，要用自己的努力打造一个最优秀的银行网点……可是三年过去了，她觉得领导一直没有给自己这样一个机会。

在她心情不好的时候，工作经常出错，为此她不止一次被领导批评。她的心情坏到了极点，偏偏生活中的各种麻烦事也接踵而来，渐渐地，她觉得在银行工作下去已经看不到希望和未来。这时，她首先想到的就是跳槽。

在没有为下一步做好充分准备的时候，她再次被领导批评，一怒之下，就递交了辞职报告，对领导的挽留也不屑一顾，毅然决然地离开了这个令人羡慕的工作岗位。

此后，她先是到一家房地产公司当销售员，与银行柜员相比，这是一个轻松自在的工作。可是没过两个月，她还是辞职了。问她辞职原因，她说：“挣得少不说，工作技术含量比银行柜员还低。”

后来她又去了几家公司，都没有坚持下去，最后被逼得没办法，读研去了。三年后，她又来到曾经工作过的这家银行应聘，几轮下来，她还是被淘汰了。

这时她有些后悔，但是已经来不及了。

这就是典型的“职场多动症”在银行职员中的反映。类似张女士这种受职场病困扰的现象，在银行里经常发生。

银行从业群体圈子很小，但是职场病症却与社会上其他职业群体一样，几乎每个人都有，只是表现不同而已。

一般来说，银行职员最容易患上的职业病大致有以下几种：

**1. 多动症**

这种病症多发生在年轻职员身上。特别是日趋激烈的银行业竞争所引发的人才竞争，加剧了岗位多动症。

造成多动症的原因：一是盲目羡慕别人，这山望着那山高；二是不懂得珍惜和利用自己已经得到的工作和岗位；三是职业价值观错位，导致自我迷失。

跳槽是一件风险与机会并存的事，应该发生在有能力控制风险和把握机会的时候。而那些总是这山望着那山高的人，将无法找到一个适合自己表演的职业舞台。

银行职员请记住一点：若是频繁跳槽，无论你有什么理由、计划多么周密，都是有害的。

**2. 倦怠症**

一个人在银行同一岗位工作的时间一长，就容易产生倦怠症。

倦怠症的表现：一是精神倦怠，无精打采；二是目标倦怠，茫然不知所措；三是责任倦怠，消极怠工；四是情绪倦怠，灰心丧气；五是压力倦怠，心力交瘁；六是兴趣倦怠，成就感丧失。

银行是一个知识、技能折旧率较高的行业，倦怠状态会让自己的职业生涯走回头路。

### 3. 素质恐慌症

银行业的职业竞争，拼的就是素质。随着银行业的快速发展，很多人会产生素质恐慌症。

素质恐慌症几乎人人都有，只是各自的表现不同。素质恐慌症的表现：一是不能与银行从业所要求的素质同步，难以形成职业发展持续推进动力；二是职业能力下降，解决问题和创造业绩的能力降低；三是只有单一的银行工作技能，银行从业扩展能力不足。

越是想获得职业发展的人越是容易出现素质恐慌症。造成素质恐慌症的原因：一是先天不足，基础没打好；二是后天失养，不能够及时充电；三是营养消耗超量，来不及补充，那些职务提升过快的人尤其如此。

### 4. 岗位眩晕症

岗位眩晕症的表现：一是不适应目前的岗位，经常被工作搞得晕头转向；二是不知道怎样表现自己，往哪个方向发展，向什么地方努力；三是不能及时积累职业经验，总有一种惊慌失措的感觉，办事手忙脚乱，无所适从。

造成岗位眩晕症的原因：一是缺少必要的职业准备，角色转换没有及时完成；二是没有走出职业适应阶段；三是对自己所承担的岗位责任不清楚；四是对自己的职业经历缺少必要的总结；五是职业发展目标不明确。

岗位眩晕症不仅会造成员工的心理创伤，还会设置发展障碍，让员工迷失方向。

### 5. 作为侏儒症

作为侏儒症的表现：一是说得多做得少，轻易下保证，结果不兑现；二是做事不踏实，投机取巧；三是缺乏主动精神，遇事推诿；四是凡事都依赖别人，不能独自承担工作责任。

有作为才能有地位，地位就是人们对努力作为的认可，有作为侏儒症的员工不仅不能有作为，更不能有地位。

如果工作是谋生的手段，努力工作才能谋得美好生活；如果工作是实现个人价值的手段，干得越多，承担的责任越大，能力才会越强，结果才会越好，个人价值才会升值。

记住，你把工作的责任推给谁，你就是在成就谁，就是在为自己培养一个新的岗位竞争对手。

**6. 职位急躁症**

职位急躁症的表现：一是炫耀自己的学历，想一步到位；二是心理预期过高，总希望领导虚位以待；三是总想干大事，不屑于做小事；四是受不得别人怠慢，经不起考验；五是总想一夜成名，缺少长期艰苦奋斗的准备。

欲速则不达，个人发展也是如此。在岗位上，只有你比别人行，才能生存得好、发展得快；如果你总是觉得自己比别人行，最终的结果一般会比别人差。

**7. 成长高原症**

成长高原症的表现：一是技能高原症，职业技能再提高陷入了困境；二是禀赋高原症，个人的职业天赋已经发挥到了极限状态；三是生理高原症，个人的生命周期已经到了支持个人发展的极值；四是竞技高原症，竞技状态难以保持下去；五是观念高原症，观念跟不上银行的发展，慢慢脱离岗位需要；六是机会高原症，已经没有上升的通道。

缺少激情和动力就会缺少空间和机会。颓废是遭遇成长高原症的最重要的原因，如果心理提前衰老，各种职场病症就会不时袭来，职业更年期也会提前到来。

成长的瓶颈是自己，只有突破自我才能成长；不能勇于把自己及时归零，就会快步走向发展的高原区。

## 修炼箴言 BOOK OF PROVERBS

**银行职员要自觉地分析自己的职业生涯发展状态，及时发现职业行为中的问题，做出准确的诊断，以免自己被职场病所误。**

## 转化心态，把工作当作快乐的中心

工作是人生的主要内容，年幼时求学，为的是更好地工作，青年时要努力地工作，老年时虽然退了休，可许多人还是壮心不已，仍然在发挥自己的余热。因为他们知道，没有了工作，生活就失去了乐趣，显得空落落的，在他们眼里，工作是一种享受，而不是一种痛苦。正如松下幸之助在《路是无限的宽广》中写道：“工作就是快乐的中心。”

一个乞丐来到一个庭院，向女主人乞讨。这个乞丐很可怜，只有一条胳膊。女主人看后，毫不客气地指着门前一堆砖说：“你帮我把这砖搬到屋后去吧。”

乞丐生气地说：“我只有一只手，你还忍心叫我搬砖，不愿给就不给，何必捉弄人呢？”女主人并不生气，故意用一只手搬了一趟做示范，说：“你看，并不是非要两只手才能干活。我能干，你为什么不能干呢？”乞丐怔住了，两只眼睛死死地盯着女主人。终于他弯下腰，用他那唯一的一只手搬起砖来。一次只能搬两块，他整整搬了四个小时，才把砖搬完，累得气喘如牛。妇人递给乞丐二十元钱，乞丐感激地说了声："谢谢你。"妇人说："你不用谢我，这是你自己凭力气挣的工钱啊！"乞丐听后，眼睛里闪现出亮晶晶的东西，对着女主人深深地鞠了一躬，然后离开了。

过了很多天，又有一个乞丐来这里乞讨，那妇人让他把以前搬到屋后的砖搬到屋前去，可乞丐不屑地走开了。

若干年后，一个穿着很体面的人来到这个庭院，这个人是一只手。他俯下身，对坐在院中已有些老态的女主人说："如果没有你，我还是个乞丐，可现在我成了公司的董事长。"老妇人只是淡淡地对他说："这是你自己干出来的。"

乞丐如果以残疾为由，乞讨度日，不肯劳动，那他便会永远活在地狱里，不能体会到人生的快乐。妇人是伟大的，她教会了乞丐做人，让他明白，工作是幸福的，劳动比什么都快乐。正如哥里基所说："如果将工作视为是义务，人生就成了地狱，如果将工作视为乐趣，人生就成为乐园。"

工作是快乐的源泉，它能使人忘却悲伤，忘掉一切不愉快的事情，大凡失恋的人或者受过重大打击的人，往往会把全部心思放到工作上，让自己变成一个"工作狂"。他们这样做的目的就是想以工作来忘掉悲伤，忘掉不快，直到把烦恼忧伤全抛到九霄云外。

工作是生活中每个人不可缺少的一部分，如果工作让我们感觉紧张、厌倦和烦恼的话，那么我们对生活也会感到烦恼和失望。令自己厌倦的工作，根本不会在心灵上给人以快乐，更别说从中获取知识和利益。只有把工作当成是一种乐趣时，才能从工作中得到乐趣，这样才会更有意义。

在工作的时候，如果你总认为自己所从事的工作是乏味的，是一种苦役，就会产生抵触的心理，这终究会导致你的失败。要看一个人做事的好坏，只要看他工作时的精神和态度就可以了。如果你对工作是被动而非主动的，像奴隶在主人的皮鞭督促之下一样；如果你对工作感觉到厌恶；如果你对工作毫无热诚和爱好之心，无法使工作成为一种享受，只觉得是一种苦役，那么自然就不会感受到工作中的快乐，也绝不会取得大的成就。

如果你对工作存在着抱怨、消极和斤斤计较，把工作看成是苦役，那么，你对工作的热情、忠诚和创造力就无法被最大限度地激发出来，也很难说你的工作是卓有成效的。你只不过是在“过日子”或者“混日子”罢了！

倘若如此，你每日所习惯的工作不仅不是合格的工作，而且简直跟“工作”有点背道而驰了！一些人认为只要准时上班，不迟到，不早退就是完成工作了，就可以心安理得地去领所谓的报酬了。可是，他们没有想到，他们固然是踩着时间的尾巴上、下班，可是，他们的工作态度很可能是死气沉沉的、被动的。

那些每天早出晚归的人不一定是认真工作的人，对他们来说，每天的工作可能是一种负担、一种逃避、一种苦役。他们是在工作中远离了“工作”，不愿意为此多付出一点，更没有将工作看成是获得成功的机会。

因此，在任何时候，你都不能对工作产生厌恶感，或者把工作看成是苦役。

即使你在选择工作时出现了偏差，所做的不是自己感兴趣的工作，也应当努力设法从这乏味的工作中找出兴趣。要知道凡是应当做而又必须做的工作，总不可能是完全无意义的。问题全在你对待工作的认知，对工作表现出积极的态度，可以使任何工作都变得有意义。

其实，只要你在心中将自己的工作看成是一种享受、看成是一个获得成功的机会，那么，工作上的厌恶和痛苦的感觉就会消失。不懂得这个秘诀，就无法获取成功与幸福。

## 修炼箴言

BOOK OF PROVERBS

**在从事银行工作的时候，你应该在心中立下这样的信念和决心：必须不顾一切，尽你最大的努力。如果你对工作不忠实，不尽力，甚至把它当成是一个苦役，那将贬损自己，糟蹋自己，更不会从工作中得到应有的乐趣。**

## 控制情绪，别让负面情绪影响你

情绪如同一把双刃剑，在给了我们享受快乐、感动和激情体验的同时，也让我们品尝着失望、焦虑和恐惧。但是，也正是这些情绪的力量让自然万物的生命生生不息，也让每一个人在它的敦促下一直迈着前进的脚步。情绪作为一种人类出生就具有的心理过程，并不是任何时候都产生的，也就是说并不是每个人的必经体验。心理学家的研究证明，只有当人的生理需求、安全需求和归属、爱的需求这三大基本需求被满足之后，人的各种社会情绪才会显现出来。

职场作为社会的“缩影”，相对于单纯的“自然情绪”，职场当中的情绪可以称作“社会情绪”。早在达尔文的《人与动物的情感》一书中就提到：人和动物虽然都有情感，但在表达上有明显的不同。动物的情绪是一种自然性的流露，而人类则更强调情绪的道德性。而我们的精神分析大师弗洛伊德也证明了这一点，认为人类心理的成长是一种走出自我为中心，逐步社会化、现实化的过程。自然情绪的表露只是情感世界中很小的一部分，更多的情绪情感是生存焦虑、嫉妒、愤怒、自我等社会情绪的表达。

所以，既然人类情绪的发展规律如此，社会的规则也是如此制定的。各种成功之士的经验也证明，职场成功的关键就是面对和控制自己情绪的能力。当情绪来临的时候，一个成熟的对自己的情绪有充分感知和识别能力的人，应当学会坦然地接受这些情绪，从而驾驭它，而不是被其控制或是盲目地找各种解释为自己的行为找到懈怠的理由。

那么，当我们每日为了月底的那点银子而殚精竭虑的时候，当我们为了坚守自己座下的那点方寸位置的时候，当我们面对大小领导们日夜考量的时候，当日复一日机械的工作考验着我们的耐心的时候，情绪就如同决堤之水汹涌而来。此时的我们需要如何化情绪为动力呢？

首先，忌采用心理自虐式的消极暗示。心理暗示在生活中的作用已经是无需证明的了，因为暗示就是一种期待。当自己或是他人期待你成为什么样子时，对你就会形成一定的心理暗示，从而真的变成某种样子。大多数人在遇到问题时都希望能对自己的问题找个合理的解释，这是很正常的。但是，往往有这样一些人，一有了某种问题就翻阅各种资料书籍，一定要给自己找到一个合理的说法，从而让自己的情绪和行为表现“合法化”，掩饰自己的软弱和无助，获得他人的理解和同情。殊不知恰恰是这种盲目“对症”的解释，夸大了自己的症状，消极暗示了自己，使可能简单的问题复杂化。所以，通过心理的自虐来达到一种情绪的释放的方法，是万万不可取的。

其次，静下心来找到压力源。任何不良的情绪都源自一定的压力。而职场又是我们压力来源最多的地方。当我们的情绪出了问题时，先不要急着给自己去找什么合理的解释，而是找一个时间，让自己的心灵安静下来，想想最近有没有让自己很困扰的事件，比如：和老板之间？和同事之间？来自工作？亦或是自己的身体等等。如果有明确的事件，那么就针对问题积极面对，如果找不到具体事件，那么就是机体给你发出的“需要休息和松弛”的信号。所以，不同的情况要采取不同的应对措施，才能起到一定的缓解情绪的效果。

最后，找到适合自己的疏导和宣泄方式。现代社会中的人可能对疏导不良情绪的方法知道得很多，但是，也会发现很多方法自己用了并没有什么效果。道理很简单，我们在选择方法的时候一定要注意选择合适自己的。比如，一个内向而沉稳的人，让他在遇到情绪问题时去找个朋友倾诉，那么这样的方法对他而言可能效果是不明显的；而一个性格外向的人，当他遇到问题时，如果告诉他采用写日记或是做瑜伽的方式来放松，那么效果肯定也是事倍功半的。根据自己平时的性格和喜欢做的事情来选择一种适合自己的方法，将不良的情绪进行疏导和宣泄，才能真正达到放松的目的。

某银行的客户经理小陈是个开朗活泼的女孩，很少看到她愁眉苦脸、情绪低落的样子。但是，即便是再乐观的人，也会有烦恼无法排解的时候。有一次聊天时，同事好奇地问了她这个问题。小陈调皮地一笑，说：“谁会没个烦心事啊，只不过我在家里就把坏情绪处理掉了。”

小陈说她也会因为工作和生活中的很多事情，情绪变得低落。比如，相恋三年的男友与她分手，到美国读博士去了；存款、贷款、中间业务等营销指标每旬、每月、每季、每半年的考核压力都特别大；担任分理处主任，带领二十多人的团队，管理任务很重；等等。

面对这些压力，小陈说她会先告诉自己不要急躁，平静下来。然后她会放满满一浴缸的水，点上精油灯，在醉人的熏衣草香气中舒舒服服地洗个泡泡浴。接着给自己准备一顿丰富的晚餐，在灯光幽暗的客厅里，选一部催人泪下的电影，看到动情之处放声大哭一场，把心里的委屈统统发泄出来。小陈说，做过这些事情以后，心里会轻松很多，同时身体也疲惫了，然后再睡个好觉，第二天早上起床后会觉得一切都是崭新的。她还会大声告诉自己：“人生是多么的美好，今天又是崭新的一天！”

这是一个聪明有趣的好方法，你不妨也试一试。

## 修炼箴言

BOOK OF PROVERBS

**如果说“天将降大任于斯人也，必先苦其心智”的话，那么这个苦必然也包含着“情绪之苦”。也只有经历过了这些情绪，你才会发现自己有了一种成就的满足和自我成长的力量。**

## 建立愿景，给自己一份希望

事实证明，对自身努力有很大信心的人，比缺乏这种信心的人更能够摆脱工作中的压力和诸多不快乐，并且能用一种轻松的心态面对一切，从而获得成功。尽管后者可能比前者更具有工作能力，也更加勤奋。

如果你刚进入一家银行，每天都从事着最不起眼的点钞工作，也应以一副成功者的姿态出现。如果你认为自己有朝一日获得成功后，就整天穿着笔挺的西装、锃亮的皮鞋，拎着精制皮包，那么从今天起就设法穿上或携带这些象征成功的东西。它们会使你此时此刻就能感觉取得“成功”愉悦，享受到登上山顶后坐下来休息的轻松。

给自己一个愿望，让自己多一些希望，会让你的工作轻松起来。

比如在工作之余，你可以抽出一点时间来想象一下，如果你在工作中取得了成就，在办公室出人头地时，将是一种什么样的景象。

你不妨试着做些假设，梦想着你坐在上司的位置上的情景，体验一下那种获得巨额报酬的满足感和发号施令的权力感。

你还可以想象每完成一个工作目标或是升上某个职位时取得成功喜悦。毫无疑问，这些会帮助你忘记诸多现实中的烦恼和忧愁，让你保持舒畅的心情，无论在什么时候，都不会失去获得成就的动机和信心。

还有一种类似的放松心情的好方法，即“形象化预想”。这种方法做起来很简单，也许你每天只需花 10 分钟就可以让自己疲惫的身心得到放松。

在上班的休息时间你可以闭上眼睛，全身放松，尽可能在脑中畅想自己没有任何压力、取得成功的情景。一定要努力想象，使这种情景中的场面变得越来越具体，越来越清晰，不断感受其刺激。这样持续 10 分钟，记住眼睛始终要闭着。这时，你最好不要去想下班后去哪里、准备做些什么。

经过几天这种“形象化预想”的练习，你会发现自己对待工作或承受压力的心态已经发生了变化。你可能会变得活泼开朗起来，但无论如何大多数情况下，你会感觉心里轻松多了。

不管是哪种变化，这都表明你的直觉正在引导你绕开那些工作中的不愉快和令人感到压抑的事情以及对未来遥不可及的恐惧，从而使你慢慢接近你想象中的那种轻松生活或是渴望的成功。

总之，要想轻松，快乐地去工作，你就要不断激励自己。你可以准备一张小卡片，每天至少写下 3 件让你感到骄傲的事情。你还可以给自己准备一个“奖状”公布栏，在家里找一个你每天最常经过的一面墙，挂上一个小小公布栏，把所有能够展现自我价值的“奖状”都贴在上面：比如说，客户寄给你的感谢信；被领导称赞的一封 email；或是生日时同事送你的干花。每天经过看一眼，你就能吸收它带给你的正面能量。当然也要记得每个月更新。

## 修炼箴言

BOOK OF PROVERBS

激励虽然有许多方法,但最重要的是要相信自己,相信自己会成功。那么,从现在起,给自己一个愿望吧!并相信这个愿望在你的努力下一定会成功。一定要有这种信心,它会使你在前进的道路上步伐更加坚定有力。